U0137352

后浪出版公司

倾听的力量

JUST LISTEN

影响他人最简单又最困难的关键技能

Mark Goulston

[美] 马克·郭士顿 著

柴淼麟 陈湘镱 译

民主与建设出版社

·北京·

致沃伦·本尼斯（Warren Bennis），我尊敬的导师、朋友和灵感缪斯，您教会了我只有"认真倾听"并了解人们的情绪由来，设身处地为他们着想，他们才更有可能跟随你的脚步。

人们始终在等你侧耳倾听他们的伤痛、恐惧和苦恼，抑或希望和梦想。如果对方感觉到你在倾听、感知他们，他们会放下戒备，向你敞开心扉。

——埃德温·施耐德曼（Edwin Shneidman）
美国自杀学之父，洛杉矶自杀预防中心创始人

序 言

经理、首席执行官和销售人员经常告诉我："与某某交谈总会屡屡碰壁。"我听到这些话后，通常会回答："别再硬碰硬了，找块松动的砖吧。"找到那块松动的砖——对方真正的软肋，你就可以推倒坚不可摧的铜墙铁壁，用从未想象过的方式与人沟通。

说到这就不得不提到我的朋友兼同事马克·郭士顿（Mark Goulston）。马克似乎有一种超能力，可以和每一个人进行沟通——不管是公司首席执行官、经理、客户，还是病人、敌对的家庭成员，甚至是劫匪，他总能找到那块松动的砖头。他就是个沟通天才，你可以在本书中找到他的沟通秘诀。

先读其书（《摆脱你的坏习惯》和《摆脱你的工作坏习惯》），后识其人。马克所著的书、所做的工作，最重要的是，他本人给我留下了深刻的印象，于是我追随他的脚步，现在我们还是亲密的商业伙伴。马克是法拉奇绿光咨询集团的思想领袖之一，也是我深深信赖的顾问。见识过他的工作后，我可以告诉你，不管是联邦调查局成员还是脱口秀主持人奥普拉都愿意去认真聆听他的沟通法则，因为他的技巧尽管听起来非常简单，却屡试不爽。

别被马克精神病学家的身份吓到，他是我见过最好的商务沟通者之一。在人人针锋相对，或销售团队无法得到客户认可之时，又或是士气低迷和效率低下的办公室里，只要马克出马，他就能以一种双赢的方式快速解决问题，每个人都愿意敞开心扉。

如果你想取得同样的成功，马克就是最好的向导。他才华横溢、风趣善良、鼓舞人心；他经验丰富，从不受欢迎的宴会宾客到辩护律师 F. 李·贝利（F. Lee Bailey），他讲述的每一个故事都妙趣横生，同时也改变了他们的生活。所以好好享受这场阅读盛宴吧，然后用你学到的强大技巧把生活中那些"不可能"和"无法沟通"的人变成盟友、忠诚的客户、同事或终生好友。

基思·法拉奇（Keith Ferrazzi）

目 录
contents

第二部分　构建沟通的九大核心原则

第一部分　沟通的秘诀

有些幸运儿似乎有一种魔力，可以让别人全盘接受自己的目标、计划和想法。然而，现实却是，与他人沟通没有什么魔法可言。它更像一种艺术……一门科学。不过，比你想象中要容易得多。

第一章　谁劫持了你

> 优秀的管理是一门艺术，它能让问题变得有趣，令解决方案富有建设性，从而使每个人都愿意投入工作，解决问题。
>
> ——保罗·霍肯，《自然资本主义》作者

现在，你需要和某个人沟通。然而，你却做不到，这让你心烦意乱。也许这个人与你的工作相关，比如下属、团队成员、客户，或是你的老板。也许与你的生活密切相关：伴侣、父母、叛逆的孩子，或是脾气暴躁的"前任"。

你用尽了各种办法——动之以情，晓之以理，甚至胁之以威，可还是一筹莫展。然后你怒火中烧、惊慌失措，或垂头丧气。于是你再三思量：现在还能做什么？

那么我想告诉你的是：把整件事情当作挟持事件。为什么

呢？因为你被束缚了。你受困于他人的抗拒、害怕、敌对、冷漠、固执、自我主义或极度依赖。而且，你无力采取任何有效行动。

接下来便该我上场了。

我也只是一个普通人，是丈夫、父亲，同时也是一名医生。不过在很久之前，我发现了自己有一种特殊的才能。那就是在任何情况下，我都可以和别人进行沟通。我可以说服目中无人的高管、愤怒的员工或自毁式的管理团队一起通力合作，寻找解决问题的方案。我可以帮助陷入混战的家庭，或是互相怨怼的夫妇重归于好。我甚至可以说服那些遭受杏仁核劫持的人士或是想自杀了断的抑郁人士改变主意。

我不确定自己的所作所为和别人有何不同，但我确定我的方法确实管用。我并非才智过人，但我的成功也并非只靠运气，因为对于各种情况下各种类型的人，我的方法始终可以奏效。所以我的方法为什么行得通呢？

经过仔细分析，我找到了答案。事实证明，我偶然间发现了一套简单、快捷的处理方法。这套方法有些是源于我的发现，有些则是我从导师和同事那里总结而来，总之这套方法可以产生牵引力。换言之，这套方法可以拉近对方和自己的距离，即使对方试图抽离、躲避。

要理解这一点，可以想象一下你正把车开往一个很陡的山坡，突然轮胎打滑，汽车快要失控了。但是降个挡位，车子又能恢复平稳。这条路就像沟通之路。

大多数人在与别人沟通时会升挡。他们想要说服对方、鼓励对方、据理力争、强迫对方，与此同时，他们反而制造了阻力。不过，倘若你使用我的方法，反其道而行之——倾听、询问、反思，而且基于听到的内容给对方反馈。这个时候，对方会感觉到被重视、被理解、被感知，这种意想不到的"降挡"会让对方向你打开心扉。

本书提供的有力武器，可以让你在沟通之时，几分钟之内就让对方从拒绝到接受。我每天都用这些方法帮助支离破碎的家庭破镜重圆，让争吵不断的情侣言归于好，帮助濒临破产的公司，让各执一词的经理高效合作，帮助销售人员实现"不可能的"销售任务。我甚至用这套方法帮助FBI（联邦调查局）特工和人质谈判专家在生死攸关的情况下取得成功。

事实上，你会发觉，在与那些不愿倾听的人沟通时，你和人质谈判专家有许多共同之处。那么，现在让我们看看弗兰克的故事。

在一个大型商场的停车场，弗兰克坐在车里。没有人敢靠近他，因为他正用枪抵着自己的喉咙。特警队（SWAT team）和人质谈判小组被传召而来。特警队小心翼翼躲在其他车辆后面，尽量不激怒这名男子。

在等待的同时，特警队员迅速掌握了这名男子的背景资料。他三十出头，本来是一家大型电子商店的客服。六个月前因为对顾客和同事大喊大叫而丢了自己的工作。之后他面试过几份其他工作，但是都以失败告终。他经常辱骂妻子和自己的两个孩子。

一个月前，他的妻子带着孩子搬离了这个城市，回到了娘家。妻子告诉他，自己需要冷静一下，而他需要重新振作起来。这时因为拖欠房租，公寓的房东把弗兰克也赶了出来。他搬进了城市贫民区的一间破房子里。平日里不洗澡，胡子拉碴，每天都饥肠辘辘。而压死他的最后一根稻草就是昨天收到的限制令，所以今天他打算在这个商场的停车场里自杀。

现在，首席谈判代表正在平静地与这名男子交谈："弗兰克，我是埃文斯中尉。我想和你谈谈。其实除了伤害自己，你还有另外一条出路。我知道你觉得自己别无选择，但是你的确还有选择的余地。"

弗兰克吼道："你知道个屁！你和所有人都一样。快滚开！别他妈的来烦我。"

埃文斯中尉继而说道："我做不到。你现在位于停车场中间，还用枪抵着自己的喉咙。我需要帮你找到别的出路。"

"滚一边去！我他妈不需要任何人的帮助！"弗兰克说道。

就这样，谈话持续了一个小时，有时夹带着几分钟或更长的沉默。初步了解弗兰克之后，显然他并不坏，只是十分不安，容易火冒三丈。

特警队已经做好待命准备，一旦弗兰克的枪威胁到其他人，他们就会随时将他击毙。不过除了弗兰克本人，每个人都希望和平解决这件事情。然而，看起来机会微乎其微。

一个半小时后，另外一位谈判代表克莱默警探到场了。克莱默曾参加过我为警方和 FBI 人质谈判代表举办的一次人质谈判培训课程。克莱默警探大体了解了一下弗兰克的背景以及谈判进展，然后向埃文斯中尉提供了一个不同寻常的建议："我想让你对这个家伙说：'我打赌，你觉得没人知道尝试所有方法之后，却只有困在这里剩下一条出路的滋味，是吗？'"

埃文斯略有迟疑地确认了一遍："你说什么？"

克莱默重复了一遍："就这样对他说：'我打赌，你觉得没人知道尝试所有方法之后，却只有困在这里剩下一条出路的滋味，是吗？'"

埃文斯照说了，弗兰克同样迟疑地确认了一遍："你说什么？"

埃文斯又重复了一遍，弗兰克说道："是啊！太对了，根本没人了解！他妈的也没人在乎！"

克莱默告诉埃文斯，"很好！现在已经有了进展，让我们再接再厉。"于是克莱默让埃文斯继续问出第二个问题：

"是啊，每天醒来都是一团乱麻，几乎不可能步入正轨，你肯定也觉得没人可以理解，是吧？"

对此，弗兰克回答说："太对了！每一天都这样操蛋！每一天！"

克莱默让埃文斯重复了弗兰克的话，然后进一步肯定了他的回答："正是没有人知道情况有多糟，没人在乎你，而且一切都没有迈入正轨，一切总是一团乱麻，这也就是为何你想在这里结束这操蛋的一切。是这样吗？""是啊。"弗兰克回答道，他的声音开始有点恢复平静。

埃文斯邀请弗兰克："多说一些你的事情吧。告诉我你经历了什么事情，是从何时开始，发生了什么让生活变成了一团乱麻？"

于是弗兰克开始说起自己被解雇之后发生的事情。

弗兰克停顿的时候，埃文斯回复说："天……再多说一些吧。"

弗兰克继续说着自己的遭遇。在克莱默的指导下，埃文斯继续说道："这一切让你感到愤怒或沮丧吗？还是灰心丧气？或是绝望？还是什么感觉？"埃文斯等待弗兰克准确描述自己的感觉。

弗兰克最终坦承："我受够了。"

埃文斯接着说道："所以你受够了。那张限制令是不是成了压死你的最后一根稻草？"

"是的。"弗兰克承认。本来弗兰克的声音充满敌意，现在变得平静多了。

几句话之间，弗兰克已经从拒绝交流变成了倾听，而且愿意进行对话。那么刚刚到底发生了什么？说服过程中最为关键的一步——我称之为"买账"，开始奏效了。这就是一个人从抗拒交流到认真倾听，并思索进行回复的步骤。

是什么让弗兰克开始倾听，并对于中尉埃文斯所说的话开始"买账"？这种转变不是偶然。秘诀在于埃文斯说出了弗兰克想说却没有说出的话。埃文斯所言与弗兰克想法一致时，弗兰克就会倾听、进行交谈，并且开始给出肯定的回答。

▨ 说服周期

你可能不需要面对像人质谈判代表那样的极端境况。但几乎每一天，你是否都在试图说服某个人去做某件事？

答案是：不是某个人，几乎是你遇到的每个人。几乎所有的沟通都是试图让对方理解，并让对方做出一些不同以往的事情。也许你是想让他们接受什么，也许你是想跟他们讲道理。或许，你是想在应聘、升职或是恋爱中，给对方留下深刻印象，证明自己是合适人选。

但问题在于：每个人都有自己的需求、想法和计划。每个人都会向你隐瞒一些秘密。他们倍感压力，经常忙得不可开交，感觉自己焦头烂额。为了减轻压力和不安，他们会设置心理防线，所以即使你们有共同目标，也很难开诚布公，如果对方心存敌意，那么沟通更是无从谈起。单纯分析原因和事实，或采取争辩、鼓励以及恳求的方式，你希望可以与这些人建立沟通，结果往往是无功而返。反而，你会被甩脸子，而且你百思不得其解。有多少次你离开推销会、办公室会议或者与伴侣和小孩吵架时，都是摇着头说："刚刚他妈的到底发生了什么？"

　　好消息是，只要你改变方法，你就能成功进行沟通。我在本书中介绍的那些技巧可以让处于最绝望情况下的人质谈判代表化险为夷，所以这些方法对你的老板、同事、客户、爱人，甚至叛逆的孩子也会十分奏效。这些方法很简单，见效也很快，一用起来就可以事半功倍。这些技巧非常强大，可以解决核心问题，从而建立起成功的沟通：我称之为"说服周期"（见图1-1）。在建立说服周期的过程中，我受到了詹姆斯·普罗查斯卡（James Prochaska）和卡罗·迪克莱门特（Carlo Diclemente）跨理论行为转变模式（Transtheoretical Model of Change）的启发，同时还参考了威廉·R. 米勒（William R. Miller）和斯蒂芬·罗尔尼克（Stephen Rollnick）的动机访谈想法（Motivational Interviewing）。

　　所有的说服过程都包含这个周期的各个步骤。要想完成整个说服周期，你需要以一种能打动人们的方式进行交谈：

- 从抗拒到倾听

- 从倾听到思考

- 从思考到有意愿

- 从有意愿到行动

- 从乐意行动到持之以恒

　　本书的重点、核心原则或用途，就是"建立沟通的秘诀"，让对方可以理解你的意思，并且"买账"。从"抗拒"到"倾听"再到"思考"你所说的话，那么就意味着对方"买账"了。有趣的是，引导对方"买账"进而完成说服周期的关键不在于你告诉

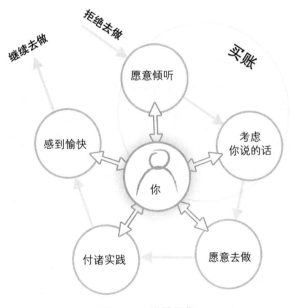

图 1-1　说服周期

了对方什么，而是你让对方在说服周期中告诉了你什么，以及在整个过程中他们脑海中的所思所想。

在接下来的章节中，我会列出 9 大基本沟通原则和 12 个快速沟通技巧，这些方法可以帮助你在说服周期的不同阶段达到沟通目的。不管在工作还是生活中，你都可以运用这些规则和技巧。这些都是我灌输给 FBI 特工和谈判代表的观念：建立同理心、缓和冲突、让对方认可解决方案。了解这些概念之后，你就不会被对方的愤怒、恐惧、兴味索然或难言之隐所劫持，因为你拥有了扭转局势的沟通工具。

■ 秘诀：沟通绝非难事

其实，接下来要介绍的方法并没有什么神奇之处。事实上，你会发现一个秘密——与他人沟通比想象中要容易得多。接下来我会分享大卫的故事来帮助你更好地理解这一点。

大卫在公司担任首席执行官，他正是利用我的沟通技巧扭转了自己的职业危机，同时挽救了自己的家庭。

就专业能力而言，大卫非常能干，但是他手段粗暴，而且行事武断。他的属下首席技术官提出离职，表示自己虽然热爱公司，但是无法和老板打交道。员工们也故意表现不佳，以此表示抗议。投资者则认为大卫粗鲁无礼，居高临下，转而投资其他公司。

公司董事会让我和大卫谈谈，看他是否可以继续担此要职。刚见到他时，我也深表怀疑，但我知道我必须努力和他进行沟通。

大卫谈到自己的管理风格时，我心血来潮地问了一句："你在家表现如何？"

大卫回道："有意思，你问到点子上了。"

我问其原因，他表示："我有一个 15 岁的儿子，非常聪明，但也很懒。我用什么方法管教他都没用。他的成绩一塌糊涂，但我的妻子只是一味溺爱他。我很爱我的儿子，不过他应该很讨厌我。我们给他做过评估测试，他学习能力确实不太好，很容易走神。老师试图帮助他，但他一点也听不进去。我知道他是个好孩子，但我不知道到底该拿他怎么办。"

我凭着直觉，教了大卫一些快速沟通的技巧，并让他在工作和家庭中试试这些技巧是否有用。我们约定好一周后再详谈，但仅仅过了三天，我就收到了大卫的信息。内容是："郭士顿先生，请您在方便的时候尽快给我回电。我想和您谈谈。"

我心想："天啊，到底发生了什么事？"然后我回拨了过去。听到他激动的语气之时，我十分惊讶。

"医生您好，"他说道，"您简直是我的救世主。"

"发生了什么？"我问道。然后他回答说："我完全照你说的做了。"

"董事和员工都是吗?"我问道,"你做了……"

他打断了我:"不,还没有。我是和我的儿子聊了聊。回到家我走进他的卧室,表示我们需要谈一下。然后我对他说:'我知道大家都说你很聪明,但是成绩却总是不尽如人意。你觉得没人能了解那种滋味是吗?'听我说完后,他的眼睛噙满泪水——和您预料的一模一样。"

大卫接着说:"我紧接着就抛出了你建议的下一个问题:'我敢打赌,有时候你会希望自己不那么聪明,这样我们就不会对你抱有如此大的期望,也不会一直说你不努力,对不对?'他开始啜泣……我的眼圈也红了。然后我问他:'这对你来说感觉有多糟糕?'"

大卫哽咽着说道:"他几乎说不出话来。他说:'情况越来越糟,我也不知道我还能忍受多久。我总是让每个人失望。'"

大卫告诉我,说到这里,他自己也哭了。"为什么你不告诉我呢?"大卫问自己的儿子。大卫的声音变得很痛苦,他继续说着:"我的儿子不哭了,回头恶狠狠地瞪着我,这些怨气和憎恨他肯定已经积攒了很多年。他说:'因为你根本不想知道。'他真是说对了。"

"那你接下来做了什么?"我问大卫。

"我不能让他独自面对这件事情。"大卫说道,"所以我告诉他：'我们一起来解决。我会拿上我的电脑到你的房间工作，你写作业时我会陪着你。你感觉很糟糕的时候，我不会再让你一个人待着。'这几天来，我们每晚都待在一起，我觉得我们的关系有所缓和。"大卫停顿了一下，然后说道："多亏了你帮我解决了这个问题。我可以为您做点什么呢？"

我回答道："对待公司的人，就像对待你的儿子一样。"

"这是什么意思？"他问我。

"你让你儿子松了一口气，"我说道，"你尝试沟通的时候，你的儿子告诉了你他内心的真实想法。而且值得称赞的是，你处理得很好。还有很多人，不管是董事还是你的团队员工，他们对你的看法和你儿子的想法一模一样，所以他们也需要发泄对你的不满。"

于是大卫召开了两次会议，一次董事会，一次是和高管团队成员的会议。

他对两个会议的参会人员都说了同样的话。一开始他非常严肃地说道："我必须告诉你们，我真的非常失望。"——听到这句话后，两组参会人员非常冷静坚定，准备痛骂他一顿。然后大卫继续说道："我对我的所作所为感到非常失望，而且对你们的意见充耳不闻，但你们却一直保护公司和我不被我自己影响。以前我不想听取大家意见，但是现在我非常想认真倾听。"

大卫还在会上分享了他儿子的故事。最后他说道："我希望你们可以再给我一次机会，我觉得我们可以共同解决这个问题。如果你们愿意再给我一次机会，我会认真听取大家的意见，并且在大家的帮助下找到一个可以实现大家想法的方法。"

董事会和管理团队不仅愿意再给他一次机会，大家还纷纷为他起立鼓掌。

这个故事的寓意是什么呢？那就是正确的说话之道具有强大的作用。在大卫的案例中，短短几句话就挽救了他的工作、公司，以及和儿子的关系。

当然，你还可以学到另外一点。回想一下本章中的两个故事，你会发现克莱默警探和大卫使用相同的方法，达到了不同的目的。克莱默警探阻止了一个心烦意乱的人自杀，大卫则没有遭到公司解雇，而且还修复了家庭裂痕。以上这些技巧以及即将介绍的沟通技巧，它们的强大之处在于可以适用于任何情况、任何人。

为什么一套沟通方法可以具有如此强大的普适性？因为我们的生活和面临的问题虽然有所不同，但是大脑的工作方式却大同小异。在下一章中，我们会快速了解到为何大脑会"买账""不买账"，以及为何与无法沟通之人需要建立大脑之间的对话。

第二章　大脑如何从说"不"到说"是"

两个人交谈时会发生什么？这的确是最基本的问题，因为一切说服活动都起源于此。

——马尔科姆·格拉德威尔，《引爆点》作者

出于医生的本能，编写本章初稿时我加入了关于大脑的结构图和大脑工作方式的探讨。写完后，我拿给编辑埃伦，我以为她会大加赞赏："哇！这也太棒了！"

没想到埃伦快速浏览了所有关于大脑的内容后，直截了当地表示："呃。"

我完全理解。本书的大部分读者并不关心什么神经元、神经递质、灰质和白质。你看这本书，可能只是想学习怎么与别人沟通。在沟通时大脑如何运作，对你来说意义可能并不大。

但问题的关键在于如果你明白大脑如何从抗拒转变为买账，你就拥有巨大的优势——因为无论你想传递什么信息，你都需要和大脑"对话"。正因如此，无论是人质谈判专家、首席执行官、经理、父母，或任何需要接触难沟通对象的人，我都会教他们一些简单的人脑科学知识。

话虽如此，我还是听取了埃伦明智的建议，对初稿进行了大刀阔斧的修改，删去了脑部的结构图和枯燥的解剖学知识。那么还剩什么呢？三个关键的概念，这些概念足以帮助你理解，在试图说服别人时，对方的大脑中正在发生什么神奇的事情。这三个概念分别是大脑的三大部分、杏仁核劫持和镜像神经元。理解它们，你就具备了进行沟通的脑科学知识。

■ 大脑的三大部分

人类有几个"大脑"？这个问题很容易答错，但如果你修过大学生物课，你就知道答案不是一，而是三。

经过上百万年的进化，最终人脑分为三层：原始爬行动物层，进化程度更高的哺乳动物层和最终的灵长动物层。它们之间互相联系，但经常表现出的状态是三个"大脑"互相独立，甚至彼此之间还经常打架。以下就是人类三个大脑的工作方式：

- 原始爬行动物层（"爬行脑"）负责指导"战或逃"等行

为和反应，基本属于下意识反应，不涉及太多的思考。它还可能让你预知到危险却手足无措——就像遇到车灯直射而呆站在原地的鹿。

- 中部的哺乳动物层（"哺乳脑"）是情绪反应层（可称为内心的戏剧女王），如爱、愉悦、悲伤、生气、难过、嫉妒、愉快等，种种强烈的感情都诞生于此。

- 上层的灵长动物层（"理智脑"）就像《星际迷航》的斯波克：一部分的大脑会理性地权衡利弊，然后想出一个周密的计划。它会从爬行动物层和哺乳动物层收集数据，进行筛选分析，最后做出切实、明智且合乎道德规范的决定。

在进化过程中，大脑新的区域并没有完全取代旧的区域。相反，它们就像树的年轮，每一个新区域都会覆盖先前的区域。中层的大脑覆盖了底层的大脑；上层再覆盖中层。而这三个"大脑"都在影响着我们每天的所思所行。

往小了说，这三个大脑共同合作。往大了说，它们各司其职，独立工作。尤其是在压力之下，爬行脑或哺乳脑会主导反应，人类思考的大脑此时毫无用武之地，这时我们的大脑也就只能发挥原始脑功能。

这一切又和与人沟通有什么关系呢？很简单，要和人沟通，你就需要和对方的上层大脑达成共识，而非爬行脑或哺乳脑。想要说服一个感觉愤怒、挑衅、沮丧或受威胁的人买账非常困难，因为在这种时候，他们的高级大脑并不能发号施令。如果跟你的老板、顾客、伴侣或小孩交流时，他们的底层或中层大脑正掌握控制权，那么你就宛如跟一条走投无路的蛇（爬行脑）谈话，充其量不过是一只歇斯底里的兔子（哺乳脑）。

这种情况下，你能否成功完全取决于能否将这个人从爬行脑一步步唤醒为哺乳脑，最终到人的大脑。这个技巧我会在后面的章节详述。现在，我们先来看看：为什么经过了几个世纪漫长的进化，初级大脑仍然可以占据主导地位。答案就是：大脑中的"杏仁核"。

■ 杏仁核劫持以及理性思考的终结

杏仁核位于人脑深处的一个小小区域，当察觉到威胁，如在漆黑的停车场或有陌生人接近你时，它就会迅速采取行动。这种威胁不一定是人身威胁，挑衅言论、手头不宽裕，甚至是对你自尊心的打击都有可能使它处于应激状态。

大脑中掌管逻辑的额叶皮层也会在你察觉到威胁时处于警戒状态，但这个高级中枢通常需要时间来分析威胁，但并非每次威胁你都有时间慢慢分析。因此，身体赋予了杏仁核指挥的权力，可以把冲动引导至额叶皮层，也可以让其从额叶皮层转移。

当你非常恐惧时，杏仁核会马上关闭你的高级中枢，这时你的行为都出于最原始的本能。然而，大多数时候，杏仁核在采取行动之前会评估状况。要理解这个过程，你可以把杏仁核想象成炉子上盛满水的锅。慢慢地加热这锅水，可以煨上几个小时才沸腾。而一旦将炉火调到最大，水瞬间就会沸腾，势不可挡。同样地，只要你的杏仁核维持在"慢煨"的状态，没有即刻沸腾，你就可以激活你的上层大脑。此时，你有停顿的余地，进行反思，权衡各种选择，做出明智的决定。如果你的杏仁核马上达到沸点，一切就结束了。

我们把这个沸腾临界点称为"杏仁核劫持"，这个术语由心理学家丹尼尔·戈尔曼（Daniel Goleman）首次提出，他也是情商这一概念的开创者。我觉得"劫持"这个词很恰当，因为在那个时候（请原谅我暂时借用另外一个比喻），掌管大脑这架飞机的理智飞行员——额叶皮层已经失控。此时，位于驾驶座的其实是一条蛇。你的推理能力直线下降，记忆力衰退，压力荷尔蒙充斥着大脑。飙升的肾上腺素使你在接下来的几分钟里无法冷静思考，可能要在几个小时后才能完全恢复冷静。戈尔曼无疑对这个概念非常感兴趣，因为当你遭受杏仁核劫持时，你的情商早就飞到九霄云外了。

如果你想和一个被杏仁核劫持的人摆事实讲道理，简直就是浪费时间。但你在对方杏仁核达到沸点之前加以干预，对方的高级大脑还可以重掌大局，好比你在水加热时往水里加盐，相当于提高了水的沸点，在文火慢煨的情况下，可以吸收更多的热量。

接下来我会教你如何与愤怒、恐惧、抵触的人打交道，这些技巧基本都围绕这一点，也就是防止杏仁核劫持。做到这一点，你就能和人脑对话，你的话才能说到对方心里。

高尔夫名将泰格·伍兹（Tiger Woods）的父亲——厄尔·伍兹（Earl Woods）是防止杏仁核劫持的专家。厄尔·伍兹可能是有史以来最出色的父亲，当然也是最伟大的教练之一。

如果你也打高尔夫，就会知道，情绪对于球技发挥也有很大影响。多数高尔夫球员感到紧张时，他们的杏仁核就会开始活跃，这种情况下容易感到窒息，但泰格不会。看看他处于重压之下的表现，你会发现，他不会轻易沮丧，相反，他会变得更加坚定和专注。当其他球员从紧张、苦恼到透不过气时，泰格则是从紧张变为机警再到坚定。

然而，泰格在状态不好时也会经历杏仁核劫持。一直以来我最喜欢的体育赛事之一是1997年的大师赛，当时泰格的前九洞只交出了40杆的答卷，这是他第一次以职业选手的身份参加大型锦标赛，开局手感冰凉。当时，他惊慌地走到他的父亲跟前，咕哝着："我也不知道自己怎么了。"

他的父亲停下来，两人四目相对，然后开口对泰格说道："泰格，你以前也有过这样的经历，只要做你需要做的事情就行了。"

接着，泰格不仅很快恢复状态，而且以 12 杆的优势赢得锦标赛，低于标准杆 18 杆，这两项纪录至今仍未被超越。关键时刻他父亲的寥寥数语，就在恰当的时机使他免于遭受杏仁核劫持，把一场可能发生的败局扭转为最伟大的体育胜利之一。

■ 镜像神经元

同事的手被纸划伤时你也会畏缩，电影中的英雄救出小女孩时，你也会为之欢呼。这是因为在某一个瞬间，这些事情就好像发生在你身上；在某种程度上，可以说确实如此。

数年前，科学家们在研究猕猴前额叶皮层中的特定神经细胞时发现，猕猴扔球或吃香蕉时，这些神经细胞会被激活。令人惊讶的是，猕猴在看到其他同伴扔球或吃香蕉时，同样的细胞会再次处于激活状态。换句话说，猕猴 A 看着猕猴 B 扔球时，A 脑内的反应就好像是刚刚 A 自己扔了球。科学家们最初将这些细胞戏称为"有样学样"神经元，后来将其命名为"镜像神经元"，因为这些细胞让猴子在自己的脑海中投射了另一个猴子的行为。

"镜像"这个词非常贴切，因为我们发现，不只是猕猴，人类也有这种起镜像作用的神经元。事实上，研究表明，这些细胞可能是人类同理心的基础。它们相当于把我们的感受传送到另一个人的脑海里，让彼此感同身受。研究镜像神经元的先驱

维莱亚努尔·拉马钱德兰（V. S. Ramachandran）2007 年在
《游戏评测》杂志上发表了一篇题为"自我意识的神经学"（The
Neuroology of Self-Awarness）的文章，文章中写道："我称
其为'共情神经元'（empathy neurons），因为它们消除了自
我与他人之间的障碍。"

　　简而言之，这些细胞可能是我们天然会关心别人的缘由。但
换个角度，新的问题来了。为什么我们总是在感受到别人的善意
时流泪？为什么别人对我们表示理解时，我们的内心会感到一股
暖流？为什么简单的一句"你还好吗？"就会让我们如此感动？

　　基于我的临床研究发现，我们不断地在把世界当成一面镜
子，满足它的需求，想要赢得它的爱以及支持。而每一次我们镜
像这个世界时，它会相应产生一些被投射回来的缺失感。如果这
种缺失得不到满足，我们就可能患上"镜像神经元受体缺陷"。

　　在当今世界，不难想象这种缺失已转变为一种痛苦。我的许
多客户，不管是首席执行官、经理，还是不幸福的夫妇、抑郁症
患者，他们都觉得自己已经尽力付出了，却日复一日只能得到冷
漠、敌意，甚至（最坏的是）根本得不到任何回应。在我看来，
这种缺失足以解释为什么当别人感知到我们的痛苦或胜利时，我
们如此不知所措。也正因如此，我教予你的技巧就包括镜像他人
的感受，哪怕有时你并不认同。

　　我的一个亲身经历可以证明这种方法的"魔力"。故事

的主角是杰克，他是几年前我遇到的一位非常聪明的偏执狂病人。来找我之前，杰克已经看过四个精神科医生了。一见面他就说："等等，你先听我说，住我楼上那个人整晚都在制造噪音，我都快疯了。"他苦笑的样子在当时显得有点奇怪。

我充满同情地回答："那你一定很抓狂吧。"

杰克调皮地笑了笑，一副我已经中了他的圈套的样子。他补充道："噢，忘记告诉你了，我住在公寓的顶层，屋顶没人上得去。"接着他看着我得意地笑，好像一个试图引起观众注意的喜剧演员。

我心想："唔，我如果问'所以呢？'，他可能会和我吵起来。我如果说'再详细说说'，他可能会告诉我更多关于他偏执妄想的细节。我如果说'我确信这个声音对你来说特别真实，但是你知道它并不是真的'……这话他可能已经从其他精神科医生那里听了很多遍了。"

接着我问自己，对自己来说什么更重要？是当一个冷静客观的专业人士，和别的医生一样再次给他差不多的专业诊断？还是尽力去帮助他，哪怕这意味着不顾现实？

我选择了后者。做出这个选择后，我就放弃了我所认知的事实，真诚地对他说："杰克，我相信你。"

听到这句话，他看向我，顿了顿。接下来发生的事情让我始料未及。他哭了起来，哭声就像夜里饥饿的野猫。我觉得我是自找麻烦了，开始质疑我的判断，但我什么也没说，就让他尽情地哭着。慢慢地，他的哭声减弱了，声音听起来也更"正常"了。最后，他终于不哭了，用袖子擦了擦眼睛，拿起纸巾擤了擤鼻涕。他又看了看我，看起来轻松多了，好像刚卸下了千斤重担。他对我咧嘴一笑："听起来确实很疯狂，是吧？"

对于他刚刚的领悟，我们相视一笑，他也朝着康复迈出了第一步。

是什么让杰克放下了执念？因为他感觉到我能感同身受。以他过往的经历，世界要求他反思，并加以认同。不管是医生说"你需要吃这款药"，还是精神科医师说"你知道这些都是幻觉，不是吗？"在这种情境下，世界往往是清醒而正确的，杰克是疯狂而错误的。就是"疯狂和错误"让他置身于一个孤独的境地。

我的感同身受减少了杰克的孤独感。而当他觉得不那么孤单时，他会感到如释重负，从而在精神上放松下来。因此，他会觉得感恩，有了感激之情，他就会愿意对我敞开心扉，和我站在统一战线，而不是与我对抗。

话说回来，如果你不是精神科医师，日常生活中你应该不太可能接触到偏执型精神分裂症患者。但每一天你都会和很多"镜像神经元受体缺陷"的人打交道，因为世界并不像他们付出的那样回馈他们。我猜测这其实是人类社会的一个普遍现象。你会发现，理解别人的需求，并做出回应，是非常有力的一个工具。借助这个技巧，你可以在工作或生活中更好地与人沟通。

不止一对一沟通能投射别人的需求。我想起 20 年前的一件事，那时，我曾经眼看着一个谦虚，甚至可以说平平无奇的讲者不仅打动了在场 300 位观众，而且比起另一位更强势、魅力十足的讲者效果更显著。

当时我在参加一个为期两天的会议，会议涉及密集而高效的短期心理治疗，会上有两位发言人，一位是加拿大精神科医生，另一位是英国精神科医生。二人都在该领域颇有建树。每位讲者轮流发言，展示和患者交流的录像带，然后进行点评、提出问题，进行讨论。

一眼就能看出来，这位加拿大医生更有感染力，中心明确，煽动性更强，更容易引起共鸣。第二位精神科医生虽然内容同样清楚，但他是典型的英国人，更冷静、低调，需要花费更多精力来聆听。但在这两天里，奇怪的事情发生了。加拿大讲者发表演讲，就像一架波音 747 在跑道上急速起飞。而那位英国讲者更像是双引擎的派珀小熊飞机（Piper Cub）在跑道上悠闲起跑。加拿大讲者饱含热情，总是超出演讲原本分配的时间，直接挤占了计划好的休息时间。工作人员只好缩短休息时间，催促我们尽快回来继续下一场演讲。此时一大批观众开始躁动不安，不时看向手表，一到茶歇时间就冲了出去。但讲者仿佛对此视若无睹。他接着讲他的，也不管还有没有人听。

相反，那位英国医生开始演讲前先轻敲麦克风，询问后排观众是否也能听清。他还能敏锐地注意到观众注意力的分散，而他在此后采取的做法向我展示了镜像最生动的例子——他面对的是 300 个观众，而不只是一个人。他会在话说到一半时停下来："就先讲到这里吧。我们暂停，休息个 10 分钟。"

起初这种做法似乎有点不合常理，但在会议最后，观众显然已经不再在意那位魅力十足但太过自我的加拿大讲者，而是开始欣赏、倾听那位能和他们感同身受的英国讲者。那位英国医生不费吹灰之力，就赢得了满屋子观众的欢心。

■ 从理论到行动

注意一点，本章所列出来的大脑科学知识并不适用于所有人。在极少数情况下，你遇到的人还受爬行脑或哺乳脑控制，无论你怎么帮助他们，他们都无法用逻辑思考。（其中并非所有人都能归为"精神病"。）还有些人可能根本不在乎你是否能感同身受，因为他们就是反社会人格，抑或太过自恋，只在乎他们想要你做的事情。所以本书还会提到与恶霸或浑蛋打交道的技巧。

然而，在大多数情况下，你遇到的人都会愿意向你打开心扉，只要你拆掉他们为避免伤害或受控而建起的围墙。在接下来的几章里，我会教你如何有效地感受这些人的情绪，重新引导他们回到高层级理性思考的过程，使他们免于遭受杏仁核劫持；要做到这些，都只需要一些简单的原则或技巧。我也会教你如何掌控你的大脑，这样你可以保持冷静，理智发言，而不至于在重压之下崩溃。

如果以上这些你都能做到，你会惊讶于与人沟通有多么容易，同时你也会诧异于这些方法对你的工作、人际关系和生活所产生的巨大影响。

第二部分　构建沟通的九大核心原则

你的 Treo 智能手机想与黑莓手机沟通，必须经由各自的用户界面。

近来，我们都变身"热同步"专家，通过黑莓手机、电脑等电子产品与他人沟通。但谈及与他人取得同频共振，没几个人是真正的专家。掌握本部分的九大基本原则，你就能掌握与他人沟通的奥秘，对于你的工作、家庭，乃至整个人生都会大有裨益。

掌握这些原则后，你就可以阅读第三部分，学习12种在"说服周期"任一阶段建立沟通的快速方法。当然，你可以跳过本部分这些预备知识，直接阅读实用方法，但我还是建议先看看本部分。这是因为要使这些技巧发挥作用，不仅要掌握话术，还要理解为何、何时、如何运用这些话术。同时，如你所见，你还要知道如何为成功交流奠定基础。

第三章 从"哦,见鬼"到"行,没问题"

取胜的关键,是在压力之下能够镇定自若。
　　——保罗·布朗,克利夫兰布朗队与辛辛那提猛虎队前教练

　　"马克,我要高兴坏了!"高级医疗光学公司(AMO)的首席执行官兼董事长吉姆·马佐(Jim Mazzo)兴奋的声音从电话那头传来。

　　吉姆是我认识的最正直、效率最高的领导者之一,但从这样一个成绩斐然的人那里听到如此动情之语确实令人震惊。在2007年的某一天,吉姆的公司经历了一场大危机。

　　吉姆在得知公司生产的眼药水可能导致严重的角膜感染后,未等征求董事会的许可,立即下令自愿召回该产品。我当时打电话给吉姆,告诉他我非常钦佩他的行为。我不禁想

到当年詹姆斯·伯克（James Burke）也是在得知几个瓶子受到了氰化物污染后，迅速召回了泰诺（Tylenol）。

吉姆是这么答复的："我们是家大公司，完全透明化管理，所有人都尊重且遵循公司的价值观及行为准则。我非常开心，因为我知道这是个很难得的机会，促进公司和我变得更好。我很想知道这件事会如何促成这两点。"他接下来的话让我印象更为深刻："坏事发生之时，如果你能扛住，不让事情变得更糟，那么你就会发现公司和自己宝贵的一面，而如果没有这些打击，你可能永远也学不到这些教训。"

这种十足的勇气，给 AMO 公司带来了回报，公司顺利渡过难关转危为安，而且原本这家正直的公司在业内已有相当大的名气，值得投资者及顾客的完全信任，经此事件之后更加名声大噪。

不少领导者在遇到问题时，只会惊恐失措、撒谎、拼命试图掩盖问题，或是直接崩溃。所以吉姆和这些领导者不同之处在哪？吉姆有能力走出危机，做出正确的决定，这不仅因为他聪明且正直，还因当问题出现时，他可以快速控制自己内心的恐惧（恐惧是人类遇见危险时的普遍反应）。毫无疑问，危机出现时，吉姆的最初反应与常人无异，也会恐惧，但他并未让自己持续处于恐惧状态中。相反，他根深蒂固的核心价值观阻止了他因情绪"沸腾"而仓促行事。于是，其他人可能还在躲避、责怪他人或失控之时，吉姆却可以快速思考，有效沟通。

■ 先了解自己

控制自己的情绪，不仅能帮助你成为像吉姆一样的优秀领导者，也能帮助你与他人进行交流，尤其是与那些处于紧张或迟疑状态下的人。正因如此，一个冷静、克制的人质谈判专家可以和看似无法接近的人进行沟通。相反，一个大哭、抱怨或吼叫的人也会让哪怕是冷静、善解人意的听众望而却步。

在接下来的章节中，你将会学习到许多改变他人状态的有效技巧。不过，最有效的还是学会控制自我的想法和情绪。因为大多数情况下，成功的沟通始于可以控制自己的情绪。学会控制自己可以改变你的人生，因为在紧张的环境下，与他人沟通的最大障碍其实是自己。

诚然，并非所有交流都会如此剑拔弩张。但许多情况下确实如此，而且这些时刻既可以成就你的事业或人际关系，也可以随时毁掉一切。而且，紧张的交流通常最难把控。给陌生人打电话、和生气的顾客沟通、应对一个棘手的面试、面对伴侣的愤怒、与傲慢的青少年交流等，这些情况都会影响你的情绪，让你无法理智思考。一旦你无法理智思考，你就会溃不成军。

所以，要想掌控一个紧张的局面，首先也是最重要的法则就是先控制自己。（正因如此，飞机乘务员会指导你先自己戴好氧气面罩，再去帮助你的孩子。）好消息是，控制自己要比你想象的容易。

■ 速度即一切

现实中，你可能已经知道了如何在紧张局势下应对自如。你知道如何从攻击模式调整为情绪模式，再到理智模式，但你不知道如何快速地切换。

事情通常是这样：一场紧张的交流过去数分钟后，你冷静了些，心跳放慢了，呼吸也开始平缓。再过几分钟，或几个小时，你已经恢复了自控能力，开始仔细考虑你的选择。再给你多点时间，你会开始思考"呃……这件事可能有更好的处理方法"。

但通常为时已晚。你已经搞砸了一笔生意，与你的上司或同事已经疏远，或是失去了伴侣的信任。又或者，你已经错过了发表合适评论或留下良好第一印象的绝佳机会。

那么解决办法是什么呢？在紧张的交流中，为避免搞砸一个与他人沟通的机会，你要在数分钟内就控制自己的思想和情绪，而非数小时。简言之，你需要瞬间从爬行脑，转至哺乳脑，再到理智脑。这听起来似乎是不可能的任务，但事实并非如此。通过练习，你在两分钟内就能做到。当你做到之后，相比别人你会有更大的优势，因为你可能是唯一一个理性思考的人。

■ 从"哦，见鬼"到"行，没问题"

要理解压力如何干扰你与他人沟通的能力，首先应理解在面对压力或危机时自己的心路历程。有趣的是，尽管在你看来每个危机都不尽相同，但大脑处理危机的方式却几乎全然一致。不管是什么危机——小剐小蹭、合同没谈成、和伴侣吵架，或是仍处青春期的孩子对你坦白"我的女朋友怀孕了"，每次你感到沮丧时，或多或少都会经历以下心路历程。

如果是小事故，你可能从以下心路历程的中间阶段开始。如果是大危机，可能会从最初阶段开始。我把整个过程称为"哦，见鬼"到"行，没问题"，以下就是具体的阶段描述。

"哦，见鬼"到"行，没问题"过程

"哦，见鬼"（反应期）：

- 这简直是灾难。我搞砸了。我的天，刚刚发生了什么，我搞不定了，一切都完了。

"天啦"（释放期）：

- 天啦，太混乱了，我理不清了。——这种情况总会发生在我身上。

"拜托"（重新定位期）：

- 没问题，我可以搞定。但这个过程不会有什么意思。

"那就这样吧"（重新聚焦期）：

● 我不会让这件事毁了我的生活/事业/心情/这段关系，
  我现在需要这样做，才能让事情变得更好。

"行，没问题"（重新投入期）：

● 我准备好解决问题了。

秘诀就是：如果你能意识到自己处于哪个阶段，可以在每个阶段到来时做出理智判断，你就能在各个阶段控制自己的情绪反应，从而可以在几分钟之内自如切换。像吉姆·马佐这样的人，可能天生就知道如何控制自我，不过就算你不是，也可以从现在开始学习。

当然，我的意思并不是两分钟内就能解决危机，何况一般人也做不到。我说的是，你可以快速地调整情绪，尽量想出可能的解决办法。如果你可以做到了，你就能走出惊慌模式，进入"解决"模式。这样，你可以一语中的，不会再说多错多。

■ "哦，见鬼"的力量

要使你的大脑从惊慌状态调整回理智状态，一个绝对关键的因素就是要用语言表达你每个阶段的感受。在公共场合，你可以悄悄在心里默念，如果独处，你可以大声说出来。不管怎样，这都是快速控制自我的重要方法。

为什么呢？加州大学洛杉矶分校的马修·利伯曼（Matthew Lieberman）教授曾做过一项研究，研究表明，人们用语言描述自己的情绪（比如"担心""愤怒"）时，脑内的杏仁核（使得大脑进入动物模式的生物威胁传感器）会瞬间冷静下来。与此同时，大脑的另一部分——前额皮质，即掌管"理性"的区域，则开始工作。前额皮质可以抑制情绪反应，这样人们就可以冷静地思考发生的事情。这也正是你想要做到的。

令人意外的是，现在你并不需要欺骗自己，"我很冷静，我很好，没事"。相反，你需要对自己说"哦，见鬼"或者"我要吓死了"（至少是一开始要这么说）。

■ 从"哦，见鬼"到"行，没问题"快速训练法

在每个危机阶段用语言描述你的情绪，这个简单的举动确实是解决方案的一部分，但它也只是第一步。正因如此，那些遇到危机只会站在原地大喊"哦，见鬼"的人，也无济于事。他们做到了第一步，使自己脱离动物大脑的第一步，但他们并没有更进一步。

所以"哦，见鬼"只是你的起点，别停在那里。如果你找到词语描述你的情绪，给了大脑额叶一个立足点之后，你就要开始让大脑进入下一个层次，从惊慌调整为冷静。怎么做呢，请接着往下看。

"哦，见鬼"到"行，没问题"的快速训练法

"哦，见鬼"（反应期）：

- 不要否认你很沮丧或害怕。相反，意识到你的情绪并承认情绪，在内心找到词语形容自己的感受（"我害怕极了，我担心我会因此丢掉工作。"）。如果你是独处，你应该大声说出来，因为说话时呼气的动作会帮助你冷静。

- 如果可以，离开原先的位置一两分钟。如果不方便，在这几秒钟内不要和任何人说话。你必须集中精力，承认你的愤怒或恐惧并摆脱情绪束缚。如果可以，闭上眼睛，持续一分钟左右。

"天啦"（释放期）：

- 承认自己的情绪之后，你可以闭上双眼，深沉缓慢地吸气，再缓缓呼出。继续这个动作，直到你放松下来。多深呼吸几次，放轻松。这有助你重新掌握内心的平衡。

"拜托"（重新定位期）：

- 保持深呼吸，随着每一次呼吸，从防御状态 1 后退到 2、3、4，

- 再到 5。在这个过程中一边念着"哦，见鬼""天啦""神啊""好吧"，这样可能会有帮助。

"那就这样吧"（重新聚焦期）：

- 开始思考你能做些什么，来减少伤害控制情况，做到

最好。

"行，没问题"（重新投入期）：

- 如果你到现在还是闭着眼，可以睁开了。接着，做你需要做的事。

一开始，你可能会觉得从其中一步转到下一步很难。因为对于大脑来说，迅速且流畅地从原始大脑转换到高级大脑并非本能（数分钟或数小时沉浸在"哦，见鬼"期才更像是本能）。

然而，如果你在脑海中演练这些步骤，并在日常生活中运用时，你会越来越熟练，切换得越来越快。再过 6 个月，你就会发现，哪怕是在最紧张的情况下，你都可以掌控局势，做出正确的决定。

如果你是"恐惧攻击反应"的受害者，掌握这项技能尤为重要。有时候你会在狗狗选秀上看到这种"恐惧攻击反应"，比如一个看起来无害的卷毛小狗或是腊肠犬，突然向着裁判威胁性地咆哮。咆哮并非它想要伤害人，而是因为被周围的噪音和骚乱惊吓，直接掉入了"哦，见鬼"模式。身为一名精神病学家，我时不时就会看到人们陷入这种可怕的反应模式中。如果你经常会在自己身上看到紧张反应的迹象，比如在紧张时会提高嗓门，声音刺耳，听着很愤怒，或者你能感觉到脖子上的静脉突突跳动，那么掌握这个"哦，见鬼"到"行，没问题"快速训练法就能挽救你的工作或婚姻。

如果面对攻击你特别容易流泪，这项技能对你来说也特别宝贵。与其试着战胜这种想哭的冲动，不如主动承认（"没关系，我是处在'天啦'这个阶段，这时候我会想哭"），这更有利于你注意到自己的选择，并做出截然相反的决定。

哪怕你可以沉着冷静地应对压力，也不妨花点时间学习这项技能，这样你就能做得更好。况且，很多时候，控制自我的过程哪怕只是快了几秒钟，都可能是得到他人理解和失去他人理解的天壤之别。

我见过最临危不乱的人是美国前国务卿科林·鲍威尔（Colin Powell）。1996 年，科林在一家顶级住宅房地产公司的全国会议上发表了主旨演讲。此时，他已经在美国公众中获得了巨大支持，成为总统候选人。

那天我碰巧在观众席上，鲍威尔把我们所有人"玩弄于股掌之间"。他敦促大家回馈社会。他热情洋溢地谈到自己对家庭、童年玩伴以及朋友的感激之情。他告诫大家"善有善报"。

演讲快要结束时，他鼓励大家提问。我们还沉浸在他鼓舞人心的话语之中，对接下来发生的事情始料不及。

"鲍威尔将军，"一位观众立马问道，"据我所知，您的妻子曾患有抑郁症，必须使用药物治疗，甚至还一度住进精神病院。对此您有什么想说的吗？"

8000 个观众默不作声，可见这个问题多么不合时宜，更不用说对鲍威尔有多么残酷。在错愕的沉默之中，我们都想知道鲍威尔对于这样出其不意的问题会做何反应。几年前，埃德蒙·马斯基（Edmund Muskie）正是因为类似状况放弃了总统之争，当时有个记者问到他的妻子是否神志清醒，他开始默默哭泣。在相似的情况下，鲍威尔会做何反应？

接下来就是他的答案。他看着提问者，沉思了一会儿。然后简单地回答道："不好意思，我想知道如果你的至爱之人生活在地狱之中，您却没有尽自己所能把她拯救出来。您会如此行事吗？"

我当时深感敬佩。他的回答太精彩了。镇定自若、完美至极。

相信我：鲍威尔将军听到问题之后的第一反应绝不是这样。有那么一瞬间，他很可能想要冲下讲台，抓住提出这个问题的白痴，暴打他一顿。因为这是我们每个人都想做出的自然反应。但是他却没有气昏头（尽管他完全有权这样做）。他也没有像马斯基参议员那样哭泣。相反，他从"哦，见鬼"到"行，没问题"的转变速度，是我见过最快的。

结果，他的回答比整个演讲更为触动我。他触及了每个观众的内心深处。对于提问者来说，我相信鲍威尔的回答就像挥出拳头一样有力，但是他其实没有动一根手指头。

这就是临危不乱。如果你可以做到的话，那么面对生活中的任何高压、风险之时，你都可以成功应对。

➡ 有用的洞察

如果你从"哦，见鬼"转变到"行，没问题"，你会从专注于你所信奉的应该／不应该（永远不会做）的行为方式，转而专注于准备好按照自然的规律处理事情。

➡ 操作步骤

回想一下过去一年你和同事或者爱人之间的最坏经历。从脑海中模拟一遍从"哦，见鬼"到"行，没问题"的步骤，重温整个事情。然后下次再与同一个人发生争执时，试试之前使用过的沟通技巧。

第四章　重新布线，倾听他人

人生的问题主要是关于感知的问题，而对错误的感知尤为复杂。

——戴夫·洛根，《部落领导力》及《赢在转念间》合著者之一

"你们中有多少人认为自己擅长倾听？或者至少是一个合格的倾听者？"在一场全国年度会议上，我这样询问坐在台下的500名房地产经纪人。

每个人都举起了手。然后我问道："如果我说你们根本不曾倾听，有多少人会同意？"我停顿了一下，看着观众席。"真的吗？这就有意思了，没有一个人举手。"

作为一名精神病学家，在与一群精打细算、开门见山的推销员交谈时，我已经受到了两次打击。首先，我不是推销员。其次，我是一名精神病学家，这个职业和推销员往往不那么对付。

在那一刻，我的观众可能会想，"真是个傲慢的浑蛋"，我正处于被三振出局的边缘。

我接着说："如果我能证明你们没有一个人会倾听，然后告诉你们如何纠正这个问题，提高你们的工作效率，那么有多少人会有兴趣继续听呢？"有些人举起了手，但是他们的神情无疑透露出一个清楚的信息："暂且一听，不过你只有这一次机会了，不然就别胡扯了。"

于是我说道："大家想象有一个办公室助理，总是不能按时交差，要不然就是在工作中马马虎虎，总是有错别字或者其他的各种小错误。现在想象一下，你试图去解决这些问题，但是这个人马上会变得十分警觉或怒气冲冲，甚至号啕大哭。"

我问道："你们中有多少人能想到符合这一描述的人？"所有人都纷纷举手。（我心想："看来他们都听进去了。"）

"说实话，你们会用什么样的词来形容这样的人呢？"我继而问道，"我先来，我会用'马虎'一词。"

"懒惰""不守纪律""没有职业道德""典型的千禧一代态度"（大家不约而同地哄堂大笑），"健忘"，有些观众回答说。

我继续说："那么想象一下现在是周一早上，你问他：'准备好周三要邮寄给托管公司的文件了吗？'对方回答说：'还没有。'现在又有多少人会联想到诸如'失败者'之类的词语？"大家再次纷纷举手。

"那么你们下一步会做什么？气急败坏，开始大喊大叫或提出要求？向其他经纪人抱怨？告诉办公室的人你不想再让他参与任何交易？还是带着厌恶离开，对公司有这样的员工感到恼火？"我问道。

我再次从他们的脸上看出自己又赢了一局。显而易见，这些经纪人中的许多人每天都在感受这样的挫败。因为我一针见血，所以目前为止……他们还是买账的。

"现在考虑一下，假设你平静地问他：'你为什么还没有做好呢？'对方泪流满面地说：'其实我周末已经完成了大部分工作。我本来打算做好今早交给你的，我也保证今天下班之前就会做好。昨晚我的祖父打电话给我。他患有老年痴呆，他说我的祖母中风很严重，被急救车拉去了医院。我父母双亡，祖母只能靠我照顾。所以我放下手头工作去了医院，整夜都没睡好。我知道这并不是我第一次搞砸事情了，但是照顾他们两个人真的很棘手，有时我真的分身乏术。'这会改变你对这个人的看法，甚至改变你的反应态度吗？"我问大家。

我听到有些低语——这是大家改变心意的声音。"当然。"许多观众回答道。"那么后续就不必再说了，大家以前确实没有倾听。大家曾经的所作所为就是刚才的反应。你从与对方的早期互动中收集了一些数据，然后匆忙下了结论，而且形成了刻板印象，将其与某些词语自动联系在一起：'懒惰''马虎''没有职业道德''失败者'等。这些印象就变成了过滤器，让大家只会听听，做不到倾听。"我的解决方法是：摆脱过滤器。那些固有印象——"懒惰""失败者""爱发牢骚""怀有敌意""不可能"，实际上掩盖了你真正需要了解的东西。除去这个心理障碍，你就可以开始与那些你认为无法沟通的人进行交流。

■ "我真的倾听了……难道没有吗？"

现在你可能会说："马克，我真的认真倾听了。我在会议中仔细倾听他人的意见。我认真倾听同事、配偶以及孩子的想法。每个人都在滔滔不绝。"

确实如此。但是问题在于，你接收信息的时候，不管出于什么意图，或者不管多么努力，你都没有做到倾听。原因在于大脑不会让你倾听。

还记得前面谈到的三个大脑吗？哺乳动物的大脑比爬行动物发达，人类大脑比哺乳动物发达，每次进化都以低一等的大脑为基础。与之类似，我们对他人的判断也是建立在对他人的过去印象之上。这并不是说这种认知就是完全错误的（事实上，最初的"直觉"往往丝毫不差）。当然也不等于它完全正确。

比如大多数经纪人都想当然地认为那个办公室助理很健忘。没有一个人想到行为背后有着不同的原因。这是为什么呢？因为在他们的生活中，总会听到那些工作做得不好的人被贴上"懒惰""堕落"或"笨蛋"的标签。一旦同事符合这一模式，就会被贴上相同的标签，而且甩也甩不掉。

我们的认知僵化，刻板印象挥之不去，原因很简单：新的知识建立在先前知识的基础之上。我们先学会爬，然后学会走，最后才能跑。我们现在可以毫不费力地在黑莓手机上打字，那是因为早些时候我们已经在小键盘上摸索了几个月。我们可以下意识做出判断，那是因为大脑记住了先前的做法。

同样地，如今我们会对一个人立即做出评估，就是依据过去听到或了解到的关于这个人的一切。然后我们形成刻板印象，通过过滤器看待与对方的每一次互动，因为（再强调一次）这就是我们学会的经验法则。

问题是，虽然我们自认为对他人的第一印象完全是基于逻辑，但是事实并非如此。其实第一印象来自有意识或无意识的事实、虚构和偏见的混乱认识。因此，从一开始，我们面对的就是创造的虚构印象，而非真人。然而，第一印象会在未来几月，甚至几年内一直影响我们对他人的感觉。这也会影响我们倾听对方的方式，因为我们会歪曲听到的一切，以符合我们先入为主的想法。

■ 你有多少过滤器

我的朋友里克·米德尔顿（Rick Middleton）是洛杉矶通信公司 Execution Expression 的创始人，他用 GGNEE 模型描述我们是如何在认识对方之前就有先入为主的想法。里克认为，我们会不自觉地按以下顺序立即对他人进行分类：

性别（Gender）

出生年代（Generation，年龄）

国籍（Nationality，民族）

教育水平（Education Level）

性格（Emotion）

这个顺序是因为我们很容易就能看出对方的性别、年龄和国籍，然后了解受教育程度，最后才能感受到对方的性格。牢记GGNEE模型，可以帮助你发现潜意识中阻止你倾听以及与他人沟通的过滤器。

为何大脑会以这种看似不合逻辑的方式工作？因为在很多时候，僵化思维非常省力。例如，假设你刚挤上一趟拥挤不堪的地铁。你的第一反应会让自己远离那个眼神怪异的邋遢家伙，最好坐在那个拿着编织篮子的老妇人旁边，避免与一个带着哥特妆、看起来充满敌意的青少年有眼神交流。就个人而言，这些判断可能并不正确。哥特少年很可能是一个才华横溢、敏感的孩子，需要微笑以待，那个怪人可能也无伤大雅，老妇人反而可能是"基地"组织（Al Qaeda）的一员。但你没有时间分析遇到的每一个人。相反，大脑会根据以往经验和天生本能，快速做出可能挽救你生命的决定。

一学就会并不是什么坏事。但是一旦学得快却学不准，导致得到错误的结论，那么情况就会变得糟糕。不幸的是，这种情况每天都会发生，因为大脑善于一步得出结论，而不是冷静地进行全面分析。

解决办法？三思而后行。如果你有意识地分析关于对方的固有印象，并将这些认知与事实慎重权衡，大脑会"重新布线"，建立新的、更准确的认知。然后你就能与真正在自己面前的人，而不是因错误认知而虚构的角色，进行交流。

为了看清这个过程的实际效果，我们不妨重新思考一下经纪人的想法以及他们对"健忘"助理的不满。一开始，大多数位高权重的成功人士对低职位人员的僵化认知：工作马虎＋借口/戒备/责怪＝健忘/行为古怪＝为什么要浪费时间和精力和这样的人打交道？但我让他们想象所谓的"失败者"可能有充分的理由导致表现不佳，迫使他们放弃了自己的固有想法。反过来，这一行为会迫使他们对先前了解的那个人建立新的、更准确的认知。

■ 你对认识的人到底有多了解

你可能会想："马克，你说得不错。但对方要是我认识多年的人呢？我不可能会对他们认知错误。我对他们可以说是知根知底。"

我认为："绝非如此。"每周，我都要处理多年夫妻或同事伙伴的沟通矛盾。通常，这些人并不知道导致彼此矛盾的因素到底是什么。所以，他们把不安误认是自大，恐惧误认是固执，把合理的愤怒也认为是"简直是个浑蛋"。他们争论不休，各执一词，高高在上，甚至针锋相对，却从不开诚布公——其实他们所需要的只是看清眼前的真实情况。

杰克逊夫妇就是一个典型。他们结婚已经有 55 年了，在杰克逊夫人的坚持下，他们前来咨询我，当时他们的争吵已经非常激烈，杰克逊先生甚至冷言冷语："你为什么不干脆离开呢？"

这样的话以前也没少说，但这一次由于某种原因，杰克逊夫人又伤心又生气，收拾好杰克逊先生的行李，让他滚出去。这一次杰克逊夫人没有退缩。杰克逊先生有点惊慌失措，因为 82 岁的他其实非常依赖妻子。杰克逊夫人表示只有和心理顾问聊过后，她才会重新考虑。

听着两人一言一语，我了解到这对夫妇实际上仍然爱着对方，并对彼此忠心耿耿，但他们已经无法好好沟通了。20分钟后，我听够了，对他们两人说："停一停！"

两人大吃一惊，都沉默了下来。我对杰克逊夫人说，"您知道杰克逊先生认为能娶到您是此生最棒的事情吗？"

杰克逊夫人大感意外："你说什么？"

杰克逊先生不假思索地说道："你说得太对了。我买了房子，但是她却给了我一个家。没有她，我感觉无依无靠，没有她，我也不可能和孩子们相处融洽，我只是一名工程师，沟通什么的我并不在行。"

杰克逊夫人看起来目瞪口呆。然后我看向杰克逊先生，说道："您知道杰克逊夫人认为您是天底下最好的男人吗？"

杰克逊先生震惊得下巴都要掉了。"你肯定是在开玩笑，她总是对我挑三拣四，告诉我这里该做，那里不该做。"杰克逊先生震惊地说道。

"你说得太对了，"杰克逊夫人插嘴说道，"他就是天底下最好的男人，他确实不怎么擅长沟通，但他滴酒不沾，也不拈花惹草。为了这个家，即使不喜欢自己的工作，也还是勤勤恳恳。"

"那你为什么还要那么挑剔呢？"杰克逊先生问道。

杰克逊夫人回答说："我对每个人都是这样。我就是爱挑毛病。孩子们也受不了，不过就像我说过的，遇到他就是我此生最美好的事情。"

这对夫妇虽然交流了几十年，却从来没有倾听彼此！可悲的是，两人都觉得对方在容忍自己，其实他们都非常珍重彼此。他们倾听彼此过后，最终的结果是什么呢？他们刚来时，两人都怒气冲冲，谁也不正眼瞧对方。但是离开时，两人就像重坠爱河一样甜蜜。关键就在于几分钟的真正倾听，但是 50 多年来他们却从没做到。

一起生活了 50 多年，杰克逊夫妇对彼此再了解不过了。杰克逊先生知道妻子喜欢哪种番茄酱。杰克逊夫人知道杰克逊先生儿时养的狗的名字。他们了解彼此的健康状况、洗漱习惯，以及最喜欢的电视节目。然而，一旦涉及大事，双方却全然像是陌生人。

这说明了什么？对于想要沟通的人，你的了解可能比想象的要少得多，无论他们是新的朋友还是早已知根知底的亲人。你的固有想法可能大错特错。和对方有过交流并不意味着他们会对你敞开心扉，这说明要改变思维，才能看清真正的对方。

所以如果遇到"问题"人物，要意识到他们行为背后的原因。可能是遇到了什么新困难：健康问题、经济困难，或是工作压力。可能是一个长年累月的问题：焦虑工作不够出色，没被尊重而备感愤怒，担心自己没有发现他人的魅力或智慧。当然，也许他们本来就是个浑蛋（不过大多数情况都不是）。敞开心扉，寻找行为背后的原因，你就已经迈出了打破沟通障碍的第一步，从而可以和一个"不可能"沟通的人开始交流。

➤ **有用的洞察**

如果你想要建立交流，先打开自己的思维。

➤ **操作步骤**

回想一个不太了解的"问题人物"——他可能总是拖

拉延期、毫无理由乱发脾气、表现得充满敌意、对于批评过于敏感，或者让你抓狂。在脑海中想想你会用什么词语描述这个人：懒惰、懒散、粗鲁、愚笨等。

现在，想一想这个人行为背后的五个秘密动因（比如，"他担心自己的身体状况""她担心我们会因为年龄问题而不尊重她""他正在戒酒，最近日子不好过""她患有创伤后应激障碍""他被以前的商业伙伴伤害了，现在不信任任何人"）。思考一下如果你知道对方这些情况，你对这个人的看法是否会有什么改变。一旦你用这个方法打开了思维，那么与对方安排一次会面或共进午餐——看看自己是否能发现对方问题行为背后的真正原因。

第五章　让对方感觉到"你懂我"

能够自我实现的人通常对他人有着强烈的认同感、同理心和博爱之情。他们认为人与人之间有着亲密的联系，仿佛所有人都是一家人。

——亚伯拉罕·马斯洛，心理学家

"还有完没完？我还有更重要的事情要做。"头发花白的汉克咕哝道。汉克是洛杉矶一家著名娱乐法律师事务所的高级合伙人。我来此是为了缓和汉克和另一位高级合伙人奥德丽之间的关系。奥德丽带来了事务所的大部分业务，两人合开了这个事务所。

奥德丽是一位出色的律师，也是一位出类拔萃的业务员。汉克作为律师同样出色，但他固执己见，从来不愿闲谈拉拢业务。

不幸的是，汉克并不欣赏奥德丽的才华，反而认为她是一个喋喋不休的大嘴巴，每次参加了活动，接受电视台或是报纸、杂志采访时，她都要在办公室激动地大肆宣传，总是破坏办公室的安静氛围。让问题更棘手的是，奥德丽比事务所里的任何人都更需要汉克的肯定，因为奥德丽自小就希望得到父亲的尊重，却从未如愿。

汉克如此顽固不化，部分原因是原生家庭的影响。汉克的母亲非常情绪化，导致汉克、汉克父亲及其兄弟姐妹的生活都不好过。汉克离开家的时候，就发誓再也不会让任何人那样强迫自己。现在汉克觉得喋喋不休的奥德丽惹得自己心烦。

但是两人有很多共同经手的案子，所以两人加强合作非常重要，尤其是他们两人的不对付已经影响到事务所的其他部门，导致其他员工分心。我的工作：让两个人像伙伴一样交流工作。

当时，化解这场战斗简直艰难无比。两人之间的交流越来越激烈，奥德丽的声音越来越尖锐，语气满是指责。因为她觉得，汉克在别人面前跟她交流时总是高高在上。对于她的意见汉克不屑一顾，让她感觉很没面子。

汉克挖苦地叫嚷道："没有我，她一样可以自取其辱。她自己就做得不错。"

"看吧！我就说他高高在上吧。"奥德丽插嘴说道。

奥德丽连珠炮似的说了几分钟，汉克一会看看天花板一会看看手表，中途多次提出："我真的有很多工作要做，我可以走了吗？"

我为事务所提供的服务之一就是我所说的"出租一名成年人"。在此刻，无疑我是房间里唯一的成年人，而我对这次交流的耐心越来越低。

一边听他们说着，我意识到问题不是奥德丽认为汉克拒绝倾听，甚至也不全是汉克的无礼。关键在于奥德丽没有感觉到有人懂她。意识到这点之后，我揣摩奥德丽的感受，明白了她的心理。

我让两人休战。然后我看着汉克问道："你知道吗？奥德丽觉得你很多时候都很排斥她、讨厌她。"

正中靶心。闸门开了，奥德丽泣不成声，无法再继续这愚蠢的"死亡之舞"辩论了。她抽泣得厉害，非常伤心，同时也流露出了一种解脱，"终于有人懂我了"。

剑拔弩张的战争突然结束了，汉克卸下防备，变得非常真诚。他说道："听着，我并不认为奥德丽令人讨厌或恶心。她是一位令人惊叹的律师，还是这里业务发展最好的律师，这件事让我很难受，承认这件事也让我感觉很痛苦。"他重复了一遍："我不排斥她，也不讨厌她。我甚至很喜欢她。只是她有时到了办公室，情绪太激动了，把办公室的氛围都扰乱了。你也看到了，我……我更喜欢一切井然有序。"奥德丽激动的情绪开始逐步平复，汉克看着奥德丽说道："奥德丽，真的……我一点也不讨厌你。只是有时候你真他妈的要把我逼疯了。"

我看着奥德丽，问道："你在汉克身上看到了什么可取之处？"

奥德丽回答说："他是我认识的最聪明的律师之一。即使他在很多时候脾气暴躁，他也可以判断出案件的关键所在，引导事务所中的每个律师，包括我在内，朝着成功的方向发展。我想这就是为什么我那么希望得到他的认可，认可我是一个称职的律师。"

随着这两轮反转，紧张气氛开始有所缓和，武装到底的双方在愤怒之下开始显露出温和。短短几分钟内，他们已经从说服周期的抗拒（"我讨厌你"）转变到思考（"也许我们可以相处融洽"）的过程。

于是汉克接着补充说："奥德丽，你是个好律师。"然后他笑了，每次恭维别人时他总得补一刀——"只是有时候你真的像个讨厌鬼。"

"你非得这么说，是吗？"这是我对汉克嘲弄的批评。

汉克自觉理亏，说道："斑马改变不了自己身上的条纹，浑蛋也一样，本性难移。"

有了这次喘息发泄的机会之后，两人达成了好好沟通的承诺。对于汉克来说，就是日后不要那么刻薄；对于奥德丽来说，意味着在进入办公室之前先让自己平静下来，一些业务发展很容易让她肾上腺素激增，情绪高涨。沟通带来的最好结果是：办公过程加强合作，富有成效，两人少花时间吵嘴，得理不饶人。

奥德丽和汉克的故事非常普遍，几乎随处可见。环顾一下你的办公室，你可能会看到至少好几个成绩斐然的聪明人，往往不能忍受和彼此共处一室。观察一下职位更高的人，你可能会注意到首席执行官把自己敬业的团队成员当成敌人，所以员工流失率高得惊人。如果你从事销售或客户服务工作，想想那些比起享受服务，更喜欢让你难堪的客户。在具体情况之下，推敲一下背后原因，你可能会发现自己没有让他们感觉到"被理解"，这时你也能找到解决问题的机会。

■ 为什么"感觉被理解"可以改变人们的想法

让对方"感觉被理解"，简单来说就是设身处地为他人着想。一旦做到了，就可以在瞬间改变一段关系的情况。在那一刻，你们不再争强斗胜，而是可以理解对方，这种突破可以带来合作以及有效的沟通。

事实上，冷战可能就是在这样一个感同身受的临界点得以结束。如今当时的危机已被奉为传奇，那时里根总统与苏联总统米哈伊尔·戈尔巴乔夫（Mikhail Gorbachev）的会谈几乎陷入僵局，当下里根却看到了顽固对手背后的动因，看到了一位真正热爱人民的领导人。那一刻的方法极其简单，里根邀请戈尔巴乔夫"叫我罗恩（昵称，Ron）"，而非"让我们继续为国家而战，固执己见，拒绝让步"。戈尔巴乔夫不仅接受了邀请，还加入了里根的行列，呼吁结束冷战。这简直是一次世界级别的"买账"。

对方感觉到"被理解"之所以会起作用，原因之一就是我前文提到的镜像神经元。如果你感知对方的感受，那么对方也会对你感同身受。表达出"我懂你"，对方会自发地表达出感激之情，渴望理解你的想法。这是一种无法抗拒的生理冲动，会把对方拉向自己。

尽管这一举动颇为奏效，但人们却经常拒绝使用，因为他们不愿去探寻他人的私人感受，尤其是在工作之中。但是，如果你和另一个人的关系已经降至冰点，那么让对方感觉到"被理解"是进行交流的最佳突破点。

最近，与约翰交流时我就用了这种方法。约翰有 45 岁了，粗鲁自大，近乎带有敌意。

约翰担任一家《财富》1000 强公司的首席执行官。在他的公司兼并另外一家小公司之后，新成立的公司需要进行自上而下的重大改革，但自下而上却存在重重阻碍。我的专长之一就是帮助公司管理交接混乱，所以前来提供服务。

早些时候，约翰聘请了一家知名咨询公司处理这些事务。这个咨询公司提出的建议如同纸上谈兵，实施起来完全行不通。不过，经过那场风波，约翰依然毫发未伤，因为他使用了一个常规的"免责自保"策略：聘请一家享负盛名的咨询公司，如果进展不顺，便可以推脱："不要怪我，毕竟他们才是专家。"好消息是约翰确实没有惹上麻烦。坏消息则是他仍需要解决这个问题，而且现在不得不削减预算——所以他来找了我。

了解了故事背景，我感觉到了约翰敌对情绪背后的真实感受。事实上，我自己也感觉到过一两次。因此我把我的计划先放一边，停下来问道："你之前被伤害过，是吗？"

"你说什么？"约翰反驳道，完全被我的不按常理出牌打乱了。

我又重复了一遍："你以前也接受过不少咨询顾问的建议，但是他们往往没有兑现承诺。甚至好几次都是千钧一发的时刻，你必须向老板解释为什么自己的决定没有奏效。在险些逃脱之后，你下定决心：'我再也不会把自己置于如此岌岌可危的境地。'现在你同样不知道我的咨询建议是否能带来我承诺的结果。是这样吗？"

他不好意思地点头表示同意，毫无疑问，他对死里逃生记忆犹新，现在我一语中的，他也无法隐瞒什么了。

"别担心，"我安慰道，"每个人都会做出让自己后悔的决定。我也做过不少。"他微微点了点头，我继续说道，"这么说吧，我知道信守无法兑现的承诺是什么感觉，也知道那感觉有多糟糕，我永远不会对别人做这种事。如果我这样对你，你可以来找我算账。在与公司合作时，一路上总会经历坎坷。通常，是因为公司接受了概念上可行的策略，但是最终往往证明行不通。这种情况发生时，我找到的最好解决办法是……"我还解释了我会如何帮他渡过难关。

打破心理防线……我开始进行交流了。

如何做到的？我知道看似自信的人，尤其是在大公司身居要职的人，比起做正确的事情，他们往往更害怕犯错（对于45岁的经理或首席执行官来说尤其如此，男性尤甚）。这是因为他们害怕事情变坏会受到猛烈抨击，害怕搞砸事情会打击自己的自尊心。

一旦这些人犯错，不管是从外部还是内部受到批评，他们都会感觉颜面尽失，然后往往暗自下定决心："我再也不会把自己置于这样备受打击的境地。"如果他们需要不得不做出一个可能被证明是错误的新决定时，这种心理会在不知不觉中让他们退缩。

明白这一点至关重要，特别是在你向对方做出了清晰、简洁、合理的陈述，但对方只点头表示接受，却没有同意执行的情况下。这时，大多数销售人员或经理会试图引用更多如此行事成效显著的例证。有时很管用，但通常并不奏效。这是因为对方思虑良久却没有明说的是："我害怕，不，是非常害怕犯错"。

正面应对这种心理，表明自己理解并接受对方的感受，而且自己也有同样的感受，这样可以让这些不安的客户感觉"被理解"了。人们感到"被理解"了，就觉得没有那么孤独，不再感到那么孤独时，他们就不会那么焦虑和恐惧——这就会让对方更容易接受你想传递的信息。对方会从警戒（"滚开！"）转向理性，并且能够倾听你的信息，进行合理的权衡。

■ 让对方感觉"被理解"的步骤

你可能会说："马克，这对你来说也太简单了，你可是有30年经验的精神病学家。"我的回答是："别自欺欺人了。这件事这么简单，不用学医你也能做到。"你只需要做到以下几点：

- 你认为对方会有什么感觉，判断他处于何种情绪，比如"沮丧""生气"，或"担心"。
- 然后说："我正在试着理解你的感觉，我认为你是 ____。"在空格处填入一种情绪。"我说对了吗？如果不是，那你的感觉是什么？"等待对方的反应，看他是认同你还是纠正你。
- 接着说："你有多沮丧／生气／不安……？"给他一点时间反应。至少在一开始要准备好迎接对方情绪的爆发，尤其是沮丧、愤怒或恐惧等情绪可能在他内心深处积压已久。现在并不是你回击或表达不满的时刻。

- 随即说："你如此沮丧/愤怒/不安……的原因是不是……"同样地，让对方发泄出来。
- 继续说："告诉我，要做什么你才会觉得好受一点?"
- 最后说："我能帮上什么忙吗?你自己又能做些什么呢?"

这个剧本并非一成不变;你应该把这些问题当作一个起点，然后顺着谈话的方向发展。举个例子:

卡门正在试图弄清为什么她的员工黛比在一个重要的新项目上毫无进展:黛比，我让你接手这个项目，你好像很抗拒。

黛比:嗯……确实是这样。

卡门:我想知道你是怎么想的，让你去尝试如此截然不同的项目，你是不是有点恐惧，甚至可以说是非常恐惧。对吗?

黛比(开始发泄):我什么都不敢说，但……你也知道，我并不是图表行家，突然要一次性学习那些知识，我觉得对我来说太难了。我压力好大，而且约翰尼的保姆刚刚辞职，家里大小事情都乱糟糟的，而且……我觉得我应付不来了。我知道这是个非常好的机会，但我害怕会搞砸。

卡门:我明白了，你一下子要处理这么多事情确实不容易。让我想想，要做点什么才能减轻你的压力。如果我请西奥指导一下你使用 InDesign 呢？会有帮助吗？这方面他挺擅长的。

黛比：这可太好了。如果我不用全程自己摸索的话，我会更有自信的。

卡门：太棒了。我会问问他的。还要做些什么帮助你开展项目吗？

黛比放松下来，开始积极思考她的项目：如果您以后还需要我做类似的项目，我觉得接受制图和排版方面的正规训练会更好一点。我们有这方面的预算吗？

如果你触碰到了对方强烈的感情时，他们的反应可能会让你大吃一惊。

多年前，我曾经花了好几个月预约和一位首席执行官的会面，结果，当我们终于坐下来聊时，我却发现他心不在焉，也很冷漠。我非常沮丧，最后脱口而出："你有多少时间跟我谈谈？"

他看了我一眼，眼神仿佛在说："我不知道，但差不多应该结束了。"我以为下一秒他就要赶我出去了，没想到他一副被冒犯的样子，胡乱摸出了他的日程本，回答我："20分钟。"

我深吸了一口气，对他说："听着，我要说的话需要你全神贯注地听，但你现在不能专注，因为你脑子里在想着别的事，你认为那件事比和我见面更为重要。不如这样好了。我们聊了 3 分钟，这次见面就到此结束吧，我们重新约下一次见面，希望那时候你能全神贯注听我讲话。你呢，就利用这剩下的 17 分钟，去打个电话处理你觉得更重要的那件事，不然你根本无法专心，这对你的员工、对我、对其他人，甚至对你自己来说都不公平。"

我意味深长地停顿了一下，接着他直直盯着我（他现在完全专注了），他的眼眶开始湿润。他说："你才认识我 3 分钟，我其实是一个很注重个人隐私的人，在周围十几米内，有很多人已经认识我十多年了，可他们对我的了解还不如你。我确实有件烦心事。我太太做了个活检，结果不太好。她比我坚强，她让我最好来上班。所以我坐在这里，但我的心思根本不在这。"

我回答道："听到这个消息我很难过，或许你确实不应该在这里。"

但他重新抖擞精神，接着说："不。虽然我不如我太太坚强，但也没这么脆弱。好歹也在越南服过两年兵役。我还是待在这里，处理好生意上的事情，这样好一点。我现在可以全神贯注听你讲了，你有整整 20 分钟的时间。"

这个故事的寓意是什么呢？我们常常倾向于从别人那获得东西，比如从同事那得到更多工作，从老板那获得更多尊重，从客户那得到更多订单等，以至于我们都忘了，每个人都是真实的个体，都会害怕、会紧张，需要别人的理解。如果你忽略了对方的感受，你只会不断碰壁，感受到怒气、敌意或冷漠。同时，让对方感觉"被理解"，你们更容易从陌生人，甚至从敌人转变为朋友或盟友。你遇到的阻碍会变少，得到的支持会更多，同时，你也可以更好地传递你的信息。

是不是感觉这听起来太简单了，不可能是真的？亲自试试，你会有意外收获。

➡ 有用的洞察

权贵也好，名人也罢，每个人其实都需要被理解。满足他们的这种需求，你们就能从陌生人转变为朋友或盟友。

➡ 操作步骤

回想一下那些在你试图沟通时要么寻找借口或选择逃避的人。设身处地替他们想想，扪心自问："如果我是他，我会怎么想？沮丧？恐惧？还是愤怒？"

走近那个人，对他说："我要和你谈谈，之前我只顾着对你发泄不满，表现得没有耐心、易怒，我没有替你着想。我将心比心地思考了一下，如果我是你，我可能会觉得沮丧（或恐惧、愤怒等），对吗？"

如果对方说出了他的感受，那么你要找出对方情绪背后的原因，以及如果想要让他感觉更好，或达到更多效果，自己需要改变什么。

第六章　对别人感兴趣，而不是显摆自己有趣

无聊就是，我无法将别人变得有趣。

——沃伦·本尼斯，南加州大学领导力学院创始人

你不仅会被那些抗拒你、欺负你、讨厌你或对你不满的人左右，你还会被自己的错误左右，比如你的沟通对象根本不懂你或是看起来根本不想了解你时。

你是否曾沮丧地想过："我要是能让这个人对我感兴趣，是不是就会好一点？"这正是我想要探讨的内容。但你要知道：你的表述恰好就是你无法得到他人理解的原因。

为什么？因为你在意的全是要说些什么才能让对方觉得你很酷、很聪明或很幽默。这就是你的错误所在，你完全搞反了。要

弄清楚原因，先看看世界上最成功的两个人是怎么做的。

"深度倾听"是最常用来描述美国南加利福尼亚大学领导力研究院创始人沃伦·本尼斯的标签之一。沃伦绝对是你所见过的人里最有趣的一个，但无论你是他的泊车司机，还是谷歌首席执行官，当你跟他在一起时，他一定会表现出对你更感兴趣。

最近，我见识了他的这种天赋。当时我受邀跟他的几个好朋友共进晚餐，他的朋友们都很聪明、体贴，也很上进。随着夜幕降临，愉快的对话已变为火热的辩论。这些聪明人互相唇枪舌剑，最后演变为大家都在辩驳，很少停下来听别人说了什么。

整个过程，沃伦坐在那儿，全神贯注地听，一言不发。对话稍显平静，争辩的双方稍做休息，整理思绪之际，沃伦加入了对话，对不屈不挠的辩手说："比尔，再多说些你对于那位哲学家的观点吧。"他没有介入辩论，而是邀请其中一个人多说一点，就这样改变了对话的整体基调，让对话变得更和谐。

吉姆·柯林斯（Jim Collins）也非常有趣。他的著作《从优秀到卓越》（*Good to Great*）被译成 35 种语言出版，是史上最畅销的商业书之一。吉姆获得过斯坦福大学的杰出教学奖，还曾登上酋长岩（El Capitan），成功跻身攀岩大联盟。但在 2005 年 12 月 1 日的《商业 2.0》杂志中，吉姆发表了一篇名为《我的黄金法则》（My Golden Rule）的文章，他对"不要把这些有趣的事情告诉遇到之人"这个法则做出了解释：

这个黄金法则是我从伟大的民间领袖约翰·加德纳（John Gardner）身上学到的，他只花了 30 秒，就改变了我的一生。加德纳是共同事业组织的创始人，约翰逊政府的卫生、教育和福利部长，著有《自我更新》（*Self-Renewal*）等经典著作。在生命的最后几年，他还在斯坦福大学担任教授兼导师。在我教学生涯的早期，可能是 1988 年或 1989 年左右，有一天加德纳把我叫到一边，让我坐下："吉姆，我发现你把太多的时间花在让自己变得有趣上了，为什么你不多花点时间对别人感兴趣呢？"

如果你想让晚餐的谈话更有趣，先对谈话感兴趣。如果你想写些有趣的东西，先让自己感兴趣。如果你想遇到有趣的人，先对你遇到的人感兴趣，不管是他们的生活，他们的过去，抑或是他们的故事。他们是从哪儿来的？他们怎么到这儿来的？他们学到了什么？多加练习，对其他事物感兴趣，大部分的人都会变得吸引你；几乎每个人身上都会有一个有趣的故事。

这一点，像沃伦·本尼斯（Warren Bennis）或是戴尔·卡耐基（Dale Carnegie）这样的智者天生就知道，而像吉姆·柯林斯或是你们这些绝顶聪明、雄心勃勃的年轻人仍需学习，即真正赢得朋友和影响他人的最好方法，是比起关注自己留给他人的印象，要更注重倾听他人。

从脑科学的角度可以这样解释：你对他人越感兴趣，就越能弥补他的镜像神经元受体缺陷，这是一种生理上的渴望，渴望自己的感受能被外界投射（见第二章）。你越是这样做，对方就会对你越感恩，越容易产生共鸣。所以，要想变有趣，首先要忘记变有趣这件事，相反，先感兴趣。

■ "有趣"的蠢货

下面这个解释可以帮助你理解上文法则的重要性。想象一下，现在是假期，邮件刚刚送达，你正在整理一堆贺卡。你打开了第一张，里面掉出一封信。信上写着：

> 今年，鲍勃和我带着全家去了马丘比丘（Machu Picchu），超级难忘！！！现在我们对交际舞和手工面包烘焙很感兴趣。你可能会觉得我们疯了，但我们就是太闲了，算上所有的慈善工作还是不够忙。（上个月医院给我颁发年度志愿者奖时，我甚至没感到惊讶！）鲍勃刚被提拔为副总裁，还是公司史上最年轻的副总裁。杰西的足球队在州锦标赛上拿了第一名，小布兰迪还作为《胡桃夹子》（*The Nutcracker*）的主角赢得满堂喝彩，我们太为她自豪了——她显然遗传了家族的戏剧基因！希望你一切都好……等下次我们回到镇上，再好好聊聊……

接着，你拿起了另一位朋友的贺卡，上面字迹潦草地写着：

嗨，你还好吗？前几天内特和我看到一辆老爷车，看着好像你大学时那辆车，然后我们就想到你了。你开着那辆庞然大物都做过些什么啊？（你开着它竟然还能约到那么多女孩？）

我们好想尽快去镇上逛逛，和你一起吃顿饭。我们也想看看孩子们。丽莎申请茱莉亚音乐学院（Julliard）了吗？她去年表演的录音带我们还常拿出来听，我每次听都会觉得很快乐。多么美妙的嗓音！告诉她，我们等不及要在百老汇上见到她啦！

至于我们，孩子们都很好，内特和我都还在拼命工作，挣得依然不多，但不管怎样，我们很开心。节日快乐！想念你们！

想想这两张贺卡。论"有趣"的话，第一对夫妇无疑是赢家，对吧？他们富足，有很酷的爱好，精明强干，周游各地，显然也已功成名就。相比之下，看看第二对夫妇，他们的生活就比较平庸了。如果是参加"看看谁更有趣"的比赛，他们指定会输。

但结果并非如此。第二对夫妇赢了，而且大获全胜。为什么？因为他们对你很感兴趣。所以，如果他们邀请你一起吃饭，你大概率会欣然应允。而如果是第一对夫妇打电话约你，你很可能会说："太抱歉啦，我们这周外出了。"而且挂掉电话时还会感到如释重负。这对夫妇最大的缺点是他们太努力想证明自己有趣了。结果呢，他们反而成了令人讨厌的家伙。

当面和别人交流也是一样。你越想向别人证明你很聪明、有魅力、很有才，他们越可能会觉得你无聊，或太过自我。如果你略过他们的故事，急于分享自己的事情，他们越会这么想。

若你一门心思只想让自己变得有趣，结果常常适得其反，如果对方是你的上级，公司首席执行官或其他身居高位的人，结果会更糟。这些人对自己的兴趣所在胸有成竹，他们崇拜的人也是如此。费力在别人面前刷存在感，就像暴发户的炫富行为只会激怒真正的富二代一样，你也会惹恼他们，吓跑对方。

■ 不要只是装作感兴趣——付诸行动

俗话说，"真诚是装不出来的"。同样，感兴趣也装不出来，所以别白费功夫。你越想从敏锐的成功人士那获得理解和认可，你对他们的兴趣就必须表现得愈加真诚。

最近我和一位 30 多岁的专业保险员以及一位 30 岁刚出头的女律师一起吃了顿饭。他问的问题都很对口，"你来自哪里？""是什么机缘巧合让你做了现在这份工作？""你认为你的工作怎么样？""你觉得最理想的咨询客户是怎样的？"。

他的问题让我印象深刻，女律师也非常热情地逐一进行了回答。唯独有一点，他在问出这些问题时，表现得并没有多么热切想知道答案。相反，他好像只是把推销培训中学到的话术一一背诵了出来。他最多可以唬唬年轻人，或是这位涉世未深的女律师，但要是遇上经验更为丰富的资深客户或潜在客户，他们立马儿就能听出这些套话，这些人会察觉出他的虚伪，然后点破。

那么在你付诸实践时，如何掌握技巧，表现得感兴趣且真诚呢？首先，不要再把对话当成网球比赛（刚刚他得了一分，我也要扳回一局），而是把它当成侦探游戏，你的目标就是尽可能地了解对面那个人。和对方谈话时，你要告诉自己，他身上有些非常有趣的故事，你要去挖掘它。

你如果这么做了，你的期待就会从你的眼神和肢体语言中自然流露出来。你会不由自主地提问，引导对方讲出一个有趣的故事，不会试图讲更有趣的故事压倒对方。你会注意倾听对方讲的内容，而不是一门心思想着，接下来我要说什么呢？

其次，你的问题应该表现出想要了解对方的欲望。当然，要让对方打开心扉，说出你也感兴趣的话，并非总是易事。如果是谈生意，我发现以下这类问题最管用：

- "是什么机缘巧合让你做了现在这份工作？"（感谢洛杉矶金牌调解员杰夫·基希文，他告诉我这个问题屡试不爽，总是能激发对方的分享欲）

- "这一行你最喜欢的地方是什么？"
- "在你的工作或生活中，你想完成哪些重要之事？"
- "为什么它对你来说很重要？"
- "如果你做到了这件事，对你来说意味着什么，你能为此做些什么呢？"

如果是人际交往，比如参加聚会或是第一次约会，提出以下这些问题通常能得到对方真诚的回答：

- "（执教孩子的足球队，远离家乡……）对你来说最好/最坏的地方在哪里？"
- "谁对你生活的影响最大？"
- "他是你最感激的人吗？如果不是，那你最感激谁？"
- "你曾经有机会感谢他吗？"（如果对方问你："为什么这样问？"你可以回答："我发现让别人谈谈他们感恩的人，通常可以激发出他们美好的一面。"）
- "假设你现在的生活非常完美……好，告诉我，你想象中的完美生活是怎样的？"（感谢洛杉矶人力资源专家莫妮卡·厄基迪告诉我这一点。如果对方想知道你提问的理由，你可以这样回答："我发现通过了解别人的希望和梦想，我可以知道什么对他们来说更重要，了解这一点也很不错，不是吗？"）

每次和新朋友聊天时，我会问一些问题，引导他们回答："我觉得（Feel）X，我认为（Think）Y，我做过（Do）或可能会做 Z（我将其称为 FTD 交流）。"如果别人问我问题，引导我做出以上这种回答，我会觉得他们"了解"我，虽然仅仅谈论我的感受、想法，或我做过什么 / 可能会做什么，他们也无法真正了解我。我们是什么样的人，很大程度上由我们的感受、想法和行为决定，所以当我们在谈话过程中有机会表达这些时，我们会感到满足。

终于，你的某一个问题"叮"地一下击中了对方，你会看到对方身体前倾，热切地想和你分享。这时你该闭上嘴巴，倾听，一直听。如果对方停了下来，你就提出另一个问题，用来表明你刚刚在倾听，而且关心对方所说的内容。

举个例子，如果这个人告诉你，她的数学老师对她一生影响重大，并解释了其中原因，这时候不要接着大谈你的老师，而是向她提问，比如"我很好奇为什么你偏偏选择了那所学校？"或者"那个老师现在怎么样了？你们还有联系吗？"。

另一个表示你感兴趣的方法，就是概括那个人的说话内容。比如，那个人是不是在讲自己噩梦般的旅游经历逗你开心？如果是，重复故事的要点。"老天！你摔伤了还能赶上飞机！太不可思议了。"（另一个好方法就是，如果有机会，可以寻求建议："哇，这些菜都是你自己种的吗？快告诉我，你是怎么防止香菜过早抽薹的？"人们都喜欢给人建议，因为这样会让他们觉得自己既有趣又聪明。)

如果你已经熟练掌握，做得不动声色又显得很真诚时，那个人会感激你认真的倾听，毕竟现如今很少有人真正倾听了，这个时候，他可能会开始关心你，问道："那你呢？"他会像你对他感兴趣一样想要了解你，这不正是你想要的吗？

"我有个问题。"还没到主持人询问观众是否有疑问的环节，我就脱口而出，甚至当时我还不知道自己要问什么。

我来洛杉矶威尔希尔中区的史泰博（Staples）商店参加市政厅会议只有一个目的，就是向史泰博的创始人兼首席执行官汤姆·斯坦伯格（Tom Stemberg）提出第一个问题，问出那个他希望我问，观众也想听到的问题。

我的同事，南加州大学创业与创新专业教授，同时也是网络专家的帕特里克·亨利（Patrick Henry）对我说过，和大人物沟通的最佳方式之一，是当他在大场合讲话时，做第一个提问的人。帕特里克解释道，观众会感激你勇于当破冰者，演讲者会感激你提出了好问题，带动了气氛，避免了演讲者询问观众是否有问题时，底下鸦雀无声的尴尬。

然而难点在于，提出正确的问题。

我反应很快，毕竟也曾经在200多个电视和电台节目上当过嘉宾，所以等待麦克风递到我手里的5秒钟，已经足够我组织好问题了。我心想："有什么问题是观众和我都想听到，汤姆也想回答的呢？"主持人把麦克风递给我时，我感觉像是在接力赛中拿到了接力棒，那一瞬间，我有了答案："斯坦伯格先生，如果可以重来，你会做什么事情以省去后续的很多麻烦呢？"

汤姆·斯坦伯格是一位杰出的创业者，但那天似乎不在状态。而我问出那个问题之后，他双眼放光，显然是接受了这个挑战。

他热情洋溢地回答道："我应该会再等上一段时间才去筹集风险资金。我当时没想到，提出一个新的想法，被风险投资者听到后，会招来如此激烈的竞争。如果可以重来，我就会推迟这个过程，确保我们有一个更好的起点，而不是在公司成立之初就要面临 25 个竞争者。"

其他人也想回答这个问题，但汤姆很兴奋，他又拿回了麦克风，更热切地补充道："对了，关于配送到家和配送到办公室这方面，我们比对手行动得慢；我们引以为傲的一点是，我们的产品和服务是为顾客量身打造，但我们也应该想到，女秘书可能不会喜欢抬着箱子爬楼。欧迪办公（Office Depot）考虑到了这点，在起跑线上领先于我们，但我们很快会赶上的。"

正如帕特里克所料，观众和汤姆都非常感激我率先打破沉默，提出问题，汤姆还直接回答了我。这也就给了我一个交流的机会，演讲之后我再写信给他，他也就记住了我这个人。

我的办法奏效了，因为我没有像大多数人一样，问一个让自己看起来很酷或很聪明的问题。相反，我问的问题正中汤姆心意，他在观众眼里也会更有趣。在他看来，我也就不再是人群中普通的一个，而是一个他可能会觉得有趣的人。（我能这样自夸吧？）

➜ 有用的洞察

衡量自信的标准，是看你对他人的兴趣有多深、多真诚，而衡量不自信的标准，在于你有多努力想要给他人留下印象。

➜ 操作步骤

首先，选两到三个你觉得非常无趣沉闷的人，给自己定个目标——找到他们身上有趣的闪光点。接着，选一个你觉得有趣的人，一个你希望他会更喜欢、更尊重你的人。在聚会或会议上寻找机会提问，问的问题要表现出你对这个人很感兴趣，而非显摆自己的有趣。

➜ 加分环节

你结婚了吗？或正和别人同居吗？如果是的话，你们下次晚上待在家里闲聊时，问他／她："你本来要做的那个

（项目、拿手菜等）现在怎么样了？"这样就能显示出你不仅仅关心他 / 她，还关心他 / 她的生活进展，而且很感兴趣。问出这个问题之后，再认真倾听他 / 她的回答，给他 / 她一个惊喜！

第七章　让人们觉得自己有价值

> 　　每个人脖子上都挂着一个看不见的标牌，上面写着："让我觉得自己很重要。"
>
> 　　　　　　　　——玫琳凯·艾施，玫琳凯化妆品公司创始人

　　本章开头，我会先讲一些众所周知的事情。然后聊一些听上去很疯狂，但其实并没有那么可怕的事。

　　准备好了吗？

　　首先，你已经知道我们需要感觉到自己的价值，一如我们需要食物、空气和水。仅仅心里知道自己很有价值远远不够；我们需要看到自己的价值得到周围人们的认可。

　　让人们感觉自己有价值和让他们感到自己被理解或感觉自己有趣是截然不同的，因为前者是在以更深刻的方式触动对方。你

让对方感觉自己很有价值，你是在告诉对方，"你并非无缘无故到这个世界上来。每天起床后做的每件事并非平白无故。你成为这个家庭、这个公司甚至这个世界的一分子都是有理由的。因为你在这里，情况大有不同。"

如果你让对方感觉自己举足轻重，相当于赠给对方一份无价之宝。作为回报，他们也愿意追随你到天涯海角。因此，如果你的情商（EQ）够高，你会想办法让父母、孩子、伴侣、老板、重要伙伴等你所看重的人知道他们自己有多重要。你会想办法告诉他们，因为他们，你感觉更幸福、更有趣、更安心、更轻松、更愉快、更怡然自得，整个世界都变得更好。

目前，我猜你还和我在同一战线。以上所述在很大程度上是常识，你知道它会奏效。所以目前为止，一切正常。

不过，这只是最简单的一部分。接下来我要说的事可能会让你觉得难以置信。我想告诉你，想方设法让你生活中那些讨厌的人——喋喋不休的抱怨者、吹毛求疵之人或是情感障碍者，知道自己举足轻重是非常明智的选择。

你可能会想说："你疯了吗？我为什么要让那些把我生活搞得一塌糊涂的人感觉自己很有价值？他们根本没有任何价值好吗？"

答案很简单。大多数相处起来费神费力、容易暴躁、难以取悦的人都有一个共同点，那就是他们感觉世界对自己不够好。从本质上说，他们觉得在这个世界上自己不够重要或不够特别，这通常是因为他们糟糕的性格阻碍其取得成就。

在第二章，我们分析了大脑如何"镜像"他人，以及我们如何想要被同样对待。爱抱怨和制造麻烦的人通常有严重的镜像神经元受体缺陷，所以别人越是回避或忽视他们，情况就会越糟糕。每天，这些人都在周围的人中刷"存在感"……每天，他们都得不到自己想要的反馈。他们渴望得到关注，如果他们找不到一种好方法获得自己想要的存在感，那么他们就会破罐子破摔（这就是涂鸦法则）。

简言之，这些人让你发疯的原因很简单：他们需要关注。不想再被他们逼疯吗？那你就满足他们的这一需求。

举个例子：

　　不久前，我和一位中层管理者珍妮特有过私下交流。在我们谈话时，办公室助理安妮塔冲了进来，大家都知道她向来爱浪费别人的时间，她大声嚷道："我现在有话跟你说！"

　　安妮塔在长篇大论地抱怨了一个小问题后离开了，珍妮特则向我大倒苦水，表示自己经常受到不必要的打扰。由于担心火上浇油，珍妮特之前一直犹豫要不要说些什么。不过，在安妮塔发泄时，珍妮特只是默默地酝酿着。

　　我给出了以下建议："下次安妮塔来办公室，你先让她说几句，然后坚定地告诉她：'安妮塔，你现在所说的话对我非常重要，但我分身乏术，因为我在忙着别的事情。我希望你两小时后再进来，到时候我会集中精力给你五分钟的时间，帮助你解决你的烦心事。与此同时，想想你要告诉我什么，你想让我做什么，根据公司实际情况考虑一下可能性有多大。此外，考虑一下对这件事牵涉到的每个人是否公平，是否符合我们正在努力实现的目标。把这些问题搞清后，我很乐意帮助你解决问题。'"

几天后，我再次和珍妮特交流，她采用了我的建议。她表示安妮塔没有再回来，后来进展也都非常顺利。

我向珍妮特解释，许多"问题人物"可能只是为了发泄，因为他们没能在公司感觉到自己的重要性而深感沮丧。如果上级告诉他们自己很重要，可以在很大程度上平息这种不安的情绪。想要抱怨的下属通常没有解决问题的办法，所以如果你把解决问题这个非常合理的要求设为接下来谈话的条件，他们往往会选择放弃继续纠缠这个问题。

这是在工作中对付麻烦制造者的一个有效方法，在生活中用起来也同样见效。就像烦人的同事一样，爱吵架的邻居或难相处的亲戚所表现的行为，通常是他们想得到你的关注和重视（一旦他们感觉不到，就会有所行动）。所以给予对方想要的关注。

为了说明这个方法如何奏效，接下来看一个几乎普遍存在的问题：令人不快的亲戚把你的节日晚宴变成了一场噩梦。你不得不邀请这些人，但你知道这些爱抱怨、爱吵架、乱发脾气的亲戚会把你的客人逼疯。你对此只有无可奈何？并非如此。这时，预先谋划并使用"我"（或"重要"）一词就可以创造奇迹。

你应该这么做：提前一周给每个问题亲戚打个电话，或者如果你是有男性伴侣的女性，看看能不能让他去打这些电话，因为一个男人寻求帮助，往往更容易让对方卸下防备。告诉他们："我打电话是想让您帮个忙，您是我们节日晚宴的重要宾客。要是没有假日，许多人根本见不着面，说不上话，彼此也不知道谁可能最近得了重病、亲人过世或手头拮据，日子并不好过。所以这顿晚餐可能会非常尴尬。因为您如此重要，我希望您能在别的客人们进门时打个招呼，问候一下他们以及家庭的近况，发现他们身上的新情况，让他们敞开心扉。"

发出这样礼貌的邀请，会让这些认为被生活欺骗的人感觉自己很重要，这不仅是一种恭维，也会化解他们的敌意。这样，你的客人也不好意思再说："不行，我还是打算像往年一样破坏大家的心情。"

然后，在晚宴当天，在门口迎接每个问题客人，轻触对方的手臂，告诉他们："我希望你能帮我，让其他人也感觉自在舒服。"不要给对方拒绝的时间，马上接着说："不好意思，我得去处理一点事情。"然后让你新指派的亲善大使传递快乐和温暖。准备好大吃一惊吧，他很可能圆满完成任务。

接下来的每个节日假期都照做，你可能会发现完美解决了你的问题。事实上，你之前的问题客人也可能会成为你的忠实盟友

（"至少有人重视我！"），并且会竭尽所能帮你成功举办活动。

这个问题说明了什么？你生活中的好心人需要而且理应得到对自己重要性的认可，那些烦人精可能不值得这样做，但其实他们更需要得到这样的认可。认可对方，让他们感觉自己举足轻重，他们也会让你得偿所愿。

➤ 有用的洞察

每个人都在争分夺秒，但没有人需要为重要性而竞争。

➤ 操作步骤

找出一个在工作或生活中一直制造非必要麻烦的人。下一次他再抱怨问题时，你对他说："你所说的话对我非常重要，我希望你可以负责提出解决问题的方案。如果你有什么想法，告诉我，然后我们一起探讨一下解决方案。对于你的帮助我非常感激。"

接下来，找出几个你非常看重但他们自己可能感觉被忽视的人。给他们打电话或写信，让他们知道自己对你的生活产生了多么重要的影响，或者直接表明"万分感谢"。（见第二十三章）

第八章　帮助他人抒发情绪，舒缓压力

有时候，一天中最重要的，便是于两次深呼吸之间感受到的宁静。

——摘自荷兰犹太裔作家埃蒂·希莱苏姆逝世后出版的日记《埃蒂》

"听着！"我坚定地对亚历克斯说道。亚历克斯40多岁，身居高位，最近备感压力。这位高管已经连续15分钟喋喋不休地抱怨自己必须做的事情，以及一个接一个的截止日期等。

他大吃一惊："听什么？"

"听听安静的声音。"我答道。

"什么？"他疑惑问道。

"安静的声音，"我重复了一遍，"就存在于你脑海和生活的喧闹之中，现在它正在失声向我们尖叫，希望你能听到。"

"哈？"他仍然大为不解。

"闭上你的眼睛，慢慢放松呼吸，过会儿你就能听到了。"我说道。

过了一会儿，亚历克斯开始泪流满面，然后痛哭起来。一直持续了5分钟左右，他慢慢睁开了布满血丝的眼睛。然后露出了笑容。

"感觉如何？"我问道。

亚历克斯苦笑着说："这正是我一生都在寻找的东西。每件事情……我是说所有事情……我这样做是为了走到今天这一步，让我走得更远。这些都需要我思考。"

他确实需要进一步思考，思考在那一刻感受到的平静，以及需要做些什么才能在生活中获得更多的平静。这是因为他得到了喘息的机会，而不仅仅是发泄。

■ 帮助对方摆脱痛苦

有压力也不是什么坏事。压力可以让我们集中精力，下定决心，奋发向上。不过，一旦压力变成了痛苦，我们就会忽视重要的长期目标，而去寻找当下获得解脱的方法。此时，我们会急于寻找一个摆脱痛苦的紧急出口，既不理性，也不现实。

早些时候，我谈到了让人们感觉"被理解"。然而，说起来容易做起来难，尤其是和那些处于困境的人打交道。遇到这样的情况，首先要让人们摆脱痛苦，让他们的大脑进入能够倾听的状态。

如果你直接与正处在痛苦之中的人沟通，可能会让他们压力倍增，后果会不堪设想。这是导致许多人质事件凶多吉少的致命错误——还可能让一笔商业交易毁于一旦，让一段关系岌岌可危。如果你走错了一步，那么处于痛苦边缘（或是已经处于危险边缘）的人会做出下列反应：

- 胡说八道（"好吧！好啊，那就这样吧！"——可能订书机或拳头会一起砸过来）。这就是我在第二章中提到的杏仁核劫持后果，在那种情况下杏仁核会让大脑丧失理智，并让人做出带有敌意的反应。
- 发泄（"你对我一无所知"）。一个人在发泄时，你无法与之沟通，因为你不得不自卫或做出反击。
- 压抑（咬紧牙关说"都没错"）。选择这种方式的人会紧闭心扉，不再与你坦诚交流。

然而，如果你给他们指明道路，这些陷于困境的人其实还有另外一种选择：喘息。只有喘息才能让人们以一种不会攻击他人和自己的方式体验和表达自己的感受，就像伤口自然愈合一样。让充满压力的人放松下来，并让他们敞开心扉接受建议，这是唯一的方法。反过来，这也是一个机会，可以从源头上消除对方的压力，并防止压力卷土重来。

如果你给一个痛苦万分的人一个喘息的空间，让他得以释放，那么情况不仅能恢复正常，甚至会得到进一步改善。这样做除了让对方冷静下来，还在对方和自己之间架起了一座心理桥梁。有了这座桥梁，你们就能更好地沟通。

威廉姆斯先生是我职业生涯早期遇到的一位病人，当时他被查出癌症，并接连拒绝了两位试图与他探讨病情的精神科医生。

"你会喜欢这个家伙的。"我们一边走进病房，肿瘤医生一边嘲弄地说道。我四下打量了一下威廉姆斯先生的房间，只见他火气很大地坐在那里，看样子他准备把任何想要和他讨论病情的医生的脑袋拧下来。他的治疗并不顺利，谁又能怪他呢？他显然需要一些心理帮助，但他明显非常抗拒。

假设我走进他的房间，介绍自己是一名精神病学家，他无疑会把我撕碎，于是我想了个办法。我立即去韦斯特伍德文具店定制了一张不同的名牌，把上面的"马克·郭士顿，医学博士，精神病学医学博士"换成了"马克·郭士顿，医学博士，肿瘤学医学博士"。对我而言，专业无所谓好听与否，我要表现得像个"真正"的肿瘤医生。我发誓，戴上新名牌后，我走路甚至更有底气了。

我走进威廉姆斯先生的房间，装作自己是个肿瘤学专家，而非精神科医生，说道："您好，威廉姆斯先生！我是郭士顿，是肿瘤团队新来的医生。"然后我开始问他过得如何，现在的担忧是什么。然而，我能看出他起了疑心。

我继续说着，但显然我已经被他盯上了。

我们一度四目相对，我清楚知道他的下一句话就是"赶紧滚出这个房间"。我意识到，如果我向下看或往别处看，我就会不知所措，所以我继续盯着他的眼睛。我一边看着，一边发现在他恶意的凝视下有暗流涌动。我不知道接下来要面对什么，但我决定先发制人："在这里感觉有多糟？"

他正面迎战，并予以回击："你根本不会想知道！"

我一时语塞，但不知何故，我找到了突破口："你可能说对了，我可能不想知道。但是除你之外得有人知道，而且得尽快知道，不然你就得发疯了！"

我对自己的大放厥词也有些吃惊，尤其面前是这样一个重病之人，我继续盯着他的眼睛，不知道他会说什么。他目不转睛地看着我，然后他的脸上突然露出了灿烂的笑容，说道："嘿，我已经疯了，拉把椅子过来。"

他开始说起自己有多生气，有多害怕，一边说着，一边越来越放松。我们交谈过后，他开始和医务人员合作。他的医生告诉我，甚至他需要的止痛药剂量也变小了。我从威廉姆斯先生的敌人变成了他积极寻找的人，可以向我倾吐自己的恐惧和感受。

■ 引导对方放松

我第一次见到威廉姆斯先生时，没必要问他是否痛苦万分，感觉非常崩溃。即使没有他的反应，我也可以判断出来。他的身体语言完全出卖了他：表情愤怒，肩膀僵硬，双臂交叉，摆明了"不知所措"。

如果你的沟通对象身上表现出了同样的身体语言，不要想着讲事实或是摆道理。这根本不起作用，因为在对方放松之前，你不可能取得什么进展。现在要知道你不能要求对方做什么，但你可以让对方主动去做。

举个例子，如果你面对着自己的老板迪恩，他双臂交叉，怒火中烧，恶狠狠地盯着办公桌。让迪恩喘息的最好方法就是让他张开双臂——既是现实的手臂，也是脑海中的防线。请记住这一点：髋骨连着大腿骨骼，脑海中的"双臂交叉"也会自然映射到身体上。一个人要是身体上张开了双臂，那么心理上也同样如此。

要想做到这一点，询问迪恩一个会让他产生巨大心情波动的问题（这也正是我要激怒威廉姆斯先生的原因，毕竟这样对待一个虚弱的病人确实有违常理）。言语不足以表达他的感受，他需要借助自己的身体语言加以强调。这就是为何你经常会看到人们在表达观点时经常挥舞双臂或用手比画，即便只是在打电话。

如果迪恩张开双臂，开始交流，那么他的心里也打开了一扇门。问题在于，这扇门第一次打开时，还没有什么空间让你进入，因为门后还有接二连三的炮火指着你。所以，这里有些指导意见可供参考：

- 给予迪恩充分的时间让他表达自己。人们发泄、哭号或者抱怨时，他们是在试图阻止被杏仁核劫持，这种劫持可能会让他们以某种战斗或逃避的方式行事，从而造成极大的破坏。一旦他们加速，就不会想要被人打断。（这就像困在高速上终于找到了洗手间，在松一口气前必须绷紧自己！）如果有人正在发泄、哭号或抱怨，最好的办法就是不要打断对方。
- 不要质疑迪恩的话，否则他会存有戒心或开始争论。
- 发泄完毕后，双方都会感觉精疲力竭。千万不要把这种状态和放松状态混淆。二者的不同之处在于，精疲力竭会让人感觉空虚、疲惫，并且不愿再接受任何输入。此时，似乎轮到你开口了，事实并非如此。现在开口说话是大多数新手都会犯的错误。如果你现在开口，迪恩会感觉疲于应付，因为他太累了，根本听不进去。

相反，在迪恩主动向你倾诉之时，你稍作停顿，然后简单地说句："多说些吧。"这样做有几个积极效果：

- 一旦表明你不会和迪恩陷入争论，迪恩就会卸下防备。如果你没想挑起战争，迪恩也无须和你争吵。
- "多说些吧"表明你在认真倾听他的烦心事。你现在的回应也会打消他的妄想症，因为本质上他在向你吐露想法。
- 如果你没有表现出对迪恩发泄的抗拒，他最终会开始喘息，吐露想法。你可以从他的姿势、面容，甚至是他松一口气中感觉到这一点。

如果你给了迪恩喘息的机会，感受他的不安，他会感觉如释重负，并对此十分感激，而且他可能非常会想要报答你。为什么呢？回想一下第二章中讨论的镜像神经元。如果你帮助对方卸下了肩上的重担，对方往往会想做出类似的事情来投射你的行为。

有时候，要想帮助正在发泄的人得到喘息，你可以说，"闭上眼睛，深呼吸"（之前我帮助亚历克斯的方法）。这会触发赫伯特·本森（Herbert Benson）所说的"放松反应"，他是身心医学领域的先驱。放松反应与练习冥想时的反应效果一致。在这种生理状态下，一个人的心率、新陈代谢、呼吸频率和脑电波都会变慢，这与战斗或逃跑的应激反应正好相反。所以接下来会触发一系列镇静的化学反应，让人可以喘息，"倾听安静的声音"。如果你面对的是一个歇斯底里的儿童或青少年，我尤其推荐使用这种方法。

然而，帮助对方发泄、喘息的关键在于，要真正让对方放松。大多数人会存有戒备（"不只是我一个人的错"），试图提供解决方案（"好吧，既然你这么讨厌这份工作，也许你应该换份工作"），或变得十分紧张，想方设法地让事情变得更好（"好吧，我知道这很难，我们先不要想这些，一起出去吃个午饭吧"），从而大大缩短发泄过程。不要犯类似错误，因为就像伤口愈合一样，如果对方没有发泄完就无法获得完全的喘息。只有真正放松，你才会有所回报，与对方建立一种强有力的联系——这种联系基于对方强烈的解脱和感激之情，你可以借此传达自己的信息。

这是给各位家长的结束语，尤其是那些孩子处于青春期的家长。之所以提供这一方法，是因为让你的孩子获得喘息可以让整个家庭恢复理智。

如果你的孩子处于青春期，你会知道他们简直像外星人——从某种意义上来说，确实如此。与成年人相比，青少年遇到挫折会爆发更强烈的生理反应，释放更多的压力激素。他们的神经递质多巴胺和5-羟色胺的水平会更高，导致他们更容易冲动行事。他们的神经元仍在发展完善、修剪多余的连接，完成这两个过程才可以具有成熟的思维，这也就意味着他们的决策电路还没有完全形成。因此，他们会很快把压力转化为痛苦，无法做出很好的判断，也不能用成熟的方式交流自己的感受，很容易就会大发脾气，变得喜怒无常，然后嚷道："我恨你！"

这解释了他们行为的原因，但是你呢？作为父母，我们所有人都会犯同样的错误。我们太过专横、保护欲太强、心急如焚、逆来顺受，这些错误可能会让本来就冲动的孩子们更快感受到痛苦，以疯狂的方式做出反应，这些反应会让我们觉得他们叛逆，唱反调，或仅仅"就是个小王八蛋"。

如果你的家庭中存在以上情况，那么给闷闷不乐的孩子一个倾诉的机会，让他们喘息。等下次开车去兜风，孩子只能待在车里时（因为孩子们讨厌不请自来的谈心，感觉像是在说教），你问问他：

- "你和爸爸/妈妈或我在一起时，什么会让你觉得最沮丧？"
- "你感觉有多糟糕？"
- "这让你想做什么？"
- "你做了什么？"

得到孩子真诚的回答之后，你再认真表示："对不起，我不知道情况这么糟糕。"

如果你用这种方式让孩子得到了喘息，看到孩子如释重负的泪水时不要惊讶。更好的结果是，孩子哭完后，可能会迎来你们两人长久以来第一次非敌对、非对抗性的谈话。这是因为喘息可以帮助孩子控制住荒唐、冲动、喜怒无常的大脑，至少在几个小时内如此。

忘记音乐吧。如果你想要安抚这头凶猛的野兽，就让它喘息。

➤ **操作步骤**

如果你想与那些压抑自己感情的人进行沟通，你应该问"你有没有感觉我不尊重你？"或者"我有没有让你觉得你不值得被倾听？"。

准备好对方听到答案之后的情绪反应，不要打断，也不要采取防御性的态度。让对方发泄、喘息。在这时，积极的情绪会填补负面情绪留下的缺口。

第九章 消除错位沟通

最成功的人，是那些对自我没有任何错觉的人。

——巴德·布雷，《现在跑去参加马戏团会不会太晚？》作者

    杰克就像一名民事税务律师，我的意思并不是说他专修民法，而是替客户与国税局（IRS）打交道时举止温和、恭敬，甚至可以说温文尔雅，沉着冷静。他之所以如此成功，并非天生性格所致，而是因为他会做好难以置信的充足准备。

    尽管杰克颇有建树，但他还是来找我咨询，因为他接手的案件并没有那些不太称职的同行多。没费多少工夫我就想通了原因。

    我表示："人们想聘请对付国税局的注册会计师

（CPA）应该是一名角斗士。因为他们希望所聘之人可以在必要时刻为他们'杀人'。"尽管杰克天赋出众，但是他给人留下的印象并不是一个杀手。所以即使杰克告诉对方，他可以成功处理国税局的案件，对方根据自己的所闻所见也不会信服。

杰克表示自己无法改变自己的性格。"你不必改变，你所需要做的就是通过改变别人对你的看法解决你自己身上存在的不协调之处。"

我建议，如果他与潜在客户会面时，感觉对方犹豫不定，他应该补充一句："顺便说一下，如果你决定找我处理国税局的案子，我必须告诉你，我是个'杀手'，但我不是一个'杀人犯'。"

我补充说，如果他们被这个说法吓了一跳，继续解释一下："许多聘请税务律师的人都害怕自己如果真的搞砸，国税局会毁了他们的前途。大家想要一个能与国税局正面交锋并且大获全胜的律师。我看起来很有礼貌，大家可能会认为在必要时刻我不能为他们'杀人'。他们大错特错。我已经做好了充分准备，可以为我的客户'杀人'，让国税局措手不及，但我不是一个为了感受摧毁他人快感的杀人犯。"

杰克试了试，效果显著。他反馈说，使用这种方法果然招徕了更多客户，并且他自己在交谈之初会感觉更自信。

是什么问题导致杰克来找我？不协调。如果你认为自己留下的印象与人们对你的看法截然不同，就会出现不协调。例如，杰克认为自己给人留下的印象是沉着冷静且能干，实际上别人觉得他胆小懦弱，除非他让人们看到自己的不同表现。

如果你认为自己很聪明，别人却认为你很狡猾；或者你认为自己很热情，别人却认为你"热情过头"，就会出现不协调。一旦发生不协调，结果只能是对方不买账。

反之亦然：如果你认为自己准确地了解了对方，但对方却不以为然，就会出现不协调。听到你说"我知道你来自哪里"，实际你一无所知，几乎没有比这更恼人的了。通常，如果你没有认真倾听对方想要交流的问题，就会发生这种情况。

要是发现了不协调，对方不会再想"这个人能为我做什么"，而会思考"这个人打算对我做什么"。这会阻止你和对方的交流。或者，从神经学的角度来看，因为你没有传达到你想传递的信息，镜像神经元不会产生任何共鸣。如果自信表现得像是傲慢，人们就只能感觉到你的傲慢；如果听起来像是歇斯底里，人们就不能感觉到你内心的关切；如果对方把你的冷静当作冷漠，这与你的初衷只会背道而驰。如果你误解了他们，比如把他们合理的不满当作歇斯底里，结果只会让一段关系岌岌可危。

不协调是导致婚姻失败常见的罪魁祸首。以罗伯特和苏珊为例：

这对三十多岁的夫妻曾拜访过我。他们两人经常吵架，原因是罗伯特经常晚餐迟到，但是又不打电话提前告知，而苏珊控制欲十足，并且非常固执。（怎么样？听着熟悉吗？像不像你身边的人？）

在他们交谈时，苏珊经常提出指控，比如"你从来不打电话告诉我你什么时候回家，你也太不体谅人了"。

罗伯特则会回答："你死缠烂打，控制欲太强。"

终于，我让他们停止了争吵，我问他们各自听到对方说了什么。他们都认为对方是在说："我是对的，你错了。"

我问两人："真的吗？你们真的是在说'我是对的，你错了'吗？"

苏珊看着我说道："不，我不是这个意思。"罗伯特也表示同意。

"所以你们在说什么呢？"我问道。

两人说道："我想说的是，并不是每次错都在我！"

"所以你们两人面对对方的批评实际上是在为自己辩护，而不是攻击对方？"我问道。

"当然了。"两人异口同声地回答。

我说道："嗯，所以每次你们试图保护自己不受攻击，对方却感觉你在发动攻击。"

罗伯特笑了，终于意识到这一状况如何一次次上演。他嘲弄地说："是啊……最后还得花几百块请心理医生给我们解决问题。"

造成不协调的最大原因，就是人们感觉最无能为力之时表现最差。因此，伴侣对着另一方声嘶力竭，孩子和父母吵得不可开交，老板对下属大呼小叫，或是顾客对客服经理大喊大叫，都是因为大喊大叫的人觉得自己没有被倾听或重视。换句话说，大喊大叫的人并不觉得自己令人生畏或害怕（尽管他们往往给对方这样的感觉），相反，他们感觉自己无能为力，太过渺小。这是最极端的不协调，也总是以糟糕的结局收场。

不协调让你无法与对方交流，对方也无法接近你。正如罗伯特和苏珊那样，不协调会让一段关系出现裂痕；也像有礼貌的杰克那样，会让职业生涯一再受阻。这就是为何你需要发现自己的不协调之处并努力纠正。

从我个人的经验来看，以下 10 个最常见的误解会引起不协调：

你认为的：	别人感受到的：
精明	狡猾
自信	自大
幽默	不得体
有活力	亢奋
有主见	固执己见

充满激情	冲动
强大	刻板
注重细节	挑剔
安静	被动或优柔寡断
心思细腻	精神贫乏

问题在于：你怎么知道别人是如何看待你的呢？答案很简单，但可能让你觉得不舒服——询问专家，也就是你的朋友或亲戚。这并不是件有趣的事，你需要脸皮厚一点。但最快确定不协调的方法还是找两到三个诚实的（或者直率的）朋友，他们足够了解你，你也相信他们的判断，让他们描述一下你最糟糕的性格缺点。

一般来说，再直率的朋友也做不到直言不讳。为了鼓励他们说出来，不要问"我是不是有些地方让你觉得很讨厌？"，因为你这样问，他们只会回答"没有"。你应该给他们一个清单，告诉他们"我想请你帮个忙，列出我最可能冒犯他人的三大行为，用 1-2-3 的顺序标注出来"。你可以列出以下性格特点：

- 自大
- 精神贫乏
- 冲动
- 挑剔

- 亢奋
- 过于固执己见
- 刻板
- 被动

- 优柔寡断
- 不好惹
- 过于敏感
- 不值得信任
- 粗鲁
- 消极
- 精力过于充沛

- 严苛
- 古板
- 狡猾
- 戏精
- 害羞
- 莽撞
- 心胸狭窄

奇怪的是，你可能会发现三个人的答案中，有些词反复出现。比如，两个人不约而同都选了"莽撞"，你最好相信他们，就算你确定自己并非如此。他们可能会这样提出意见："你可能并不是真的这样，但在某些人看来，你确实很冲动。真的，我不觉得你冲动，但我觉得有些人会这样认为。"如果是这样，别再自欺欺人了，他们的言外之意是："我认为你太冲动了。"如果你的朋友这样对你说，十有八九是真的。

如果你觉得不解，问问这些人，让他们解释一下他们圈出的性格特点。比如，问问他们，"我做了什么让别人觉得我冲动？"或者"我经常这样吗？"，或者"如果我换个说法，是不是显得不那么冲动？"。（不要和他们争论，或者用他们的答案反驳他们，否则只会在清单上再多列一项：心胸狭窄。）有了这些答案，在接下来的数天或数周内，留意你和他人的互动，看看你是否存在这些不足之处。在你意识到这些行为之后，你就可以做出改变。

而做出改变之后，你会发现和人沟通没有多么难，因为不协调会让人不安地认为，"我就是单纯不喜欢，或者不信任这个家伙"，这通常会导致他们产生抗拒心理。消除这种不协调，他们的不信任也就自然消失了。

■ 正反馈

要克服你性格中"判若两人"的特质，有一个好方法，即著名的领导力教练马歇尔·戈德史密斯（Marshall Goldsmith）所说的"正反馈法"。它的原理如下：

首先，选出你最需要改正的行为。（比如，"我想要更好地接受批评，这样别人就不会认为我心存戒备呢。"）接着，问问你的伴侣、朋友，甚至是陌生人，想要改正这个行为要如何做，让对方列举出两点。

或者更好的是，告诉那个人，作为老板、下属、朋友，或你在这段关系里扮演的其他角色，你希望做得更好。问问对方从自己的角度出发有什么具体的建议，可以帮助你改善这段关系。

如果你们非常熟络，不要问对方你过去做错了什么，而要问从现在起你可以怎么改进。听听对方的答案，然后只需再说两个字——"谢谢"，接着，再找另一个人，重复以上步骤。

这个方法的巧妙之处在于，虽然大多数人对因过去错误而招致的批评充耳不闻，但几乎所有人都乐于接受能帮助他们未来取得成功的意见。正如戈德史密斯所说，"这种方法之所以有用，是因为我们不能改变过去，但可以改变未来。"

顺带推荐一下，如果你想要加强这个正反馈过程，不妨读一读戈德史密斯的书——《习惯力》（*What Got You Here Won't Get You There*）。我不会无端推荐书籍，这本可是管理人员的必读书籍（我也推荐非专业人士阅读）。在这本书里，戈德史密斯列出了 20 种阻碍你进步的行为，以及如何用正反馈等方法改进每一种行为。书中我最有同感的三个行为，是"过于看重""从'不''但是'或'然而'开始""向世界展示我们有多聪明"。我为什么感同身受？首先，你可以看到它们带来的镜像神经元受体缺陷；其次，它们就是拒绝倾听的绝佳例子；最后，我也常饱受这些行为的困扰。我可以毫不夸张地说，如果你也常常事与愿违，或存在不良行为需要改正，这本书可以改变你的一生。

■ 公司认知失调的危险

和人一样，公司也可能掉入不协调陷阱，比如老板认为自己向员工传递了一种信息，但员工接收到的却是另一种信息。那些认为他们的公司就是办公天堂的首席执行官，从我口中听到员工觉得公司沉闷、令人窒息、氛围冷漠，或糟糕透顶时，都惊呆了。

这种情况很糟糕，因为这是一个开环：没有反馈纠正其中的不协调，所以这种不协调只会日渐严重。这些首席执行官通常会不服，认为这些人是效率很低，只会抱怨，然后实施惩罚，结果事情只会更糟糕，员工们变得更加痛苦或愤怒。这种问题得不到纠正，最坏的情况会是，首席执行官无法给员工提供工作动力，而员工也整日磨洋工，以最低的标准要求自己，这会使公司不战而败。

在一次次地目睹这种情况之后，我想出了一个名为"PEP[①]首席执行官挑战（PEP CEO Challenge)"的解决办法。这个办法专为公司领导人设计，但你也可以用它诊断或调解工作小组中出现的不协调问题。甚至如果家人愿意的话，你也可以用于家庭之中。开始之前有一个警告：这个方法不适合胆小鬼，也不适合杰克·尼科尔森（Jack Nicholson）在《好人寥寥》（*A Few Good Men*）中所称的"无法忍受真相"的人。

曼纽尔是一家儿童图书公司的首席执行官，在他的帮助下，我创造出了"PEP 首席执行官挑战"。他经营着一家很棒的公司，但他知道公司可以做得更好。为了找到改善公司的方法，我让他给所有的员工发了一条备忘录信息，信息内容如下：

- 我需要你和我一起，把公司建设得更好。接下来你的回复都是完全匿名的。

---

① 即激情（Passion）、热忱（Enthusiasm）、自豪感（Pride）三个词的首字母。——译者注

- 假设你参加一个晚宴时，听到别人形容自己公司在激情、热忱和自豪感上做到了十全十美，如果你认为公司在这方面的评分低于10分，你会怎么想？如果是我的话，我会妒忌他，对公司不满。

- 如果你用10分制给你对工作和我们公司的激情、热忱和自豪感打分，你会打多少分呢？

- 如果这三项任何一项你的打分低于10分，你觉得要想提高分值需要在哪些方面改变呢？请匿名提交你的答案，不要借机针对你不满的人。

- 收到答复后，我们会统计出大家提到最多的建议，将其公示，表明我们即将付诸的行动，并列出时间表。

- 感谢你，你的努力会帮助我们一起把这公家司变得更好，让每个人都能感受到激情、热忱和自豪。

我向曼纽尔解释，这个"PEP 首席执行官挑战"听起来简单，但揭示了深刻的道理，这些道理足以改变一个公司的未来。原因在于：

- 激情关乎公司的愿景。人们希望他们所做的工作是重要的，可以给客户带来改变，让他们展露笑容。

- 热忱关乎执行力。如果领导人失职，即便有一个伟大的愿景，人们也会失去热忱，无法做好本职工作。

● 自豪感关乎愿景，也关乎伦理道德，如果公司的业务没有做到诚实守信，那么没有多少人会为之自豪。自豪感在于要做有意义的事，因为当人年岁渐长之后，努力让世界变得更好对他们来说更为重要。

曼纽尔听从了我的建议，在公司做了实践。员工的答复是，他们希望工作成绩能得到更多奖赏，而那些耍手段的人的回报不应太多。他们希望少一些八卦、绯闻、钩心斗角，多一些合作。关于公司的未来，他们则希望更好地完成使命，出版更多的书，帮助父母教养孩子，如何在竞争激烈而愤世嫉俗的世界里取得成就且过得幸福。

曼纽尔努力一一解决这些问题。他得到的回报是：第二年，公司的业绩增长，盈利增长了40%。他尤为重视反对办公室钩心斗角和耍手段的建议，找出这些有负面影响的员工并开除了他们。更重要的是，他自身投入了双倍的激情、热忱和自豪感。

同样的道理，你也可以要求你的雇员、团队、负责人、客户或是供应商匿名为你的服务、产品、公司，甚至为你本人打分，用1～10分衡量他们在其中感受到的激情、热忱和自豪感。补充一点，如果你足够勇敢，甚至可以拿这些问题问问你的父母或孩子，看看他们在家庭中感受到的自豪、热忱和激情有多少。他们给出的答案可能并不符合你的预期，但我保证，这些都是你需要知道的。

到目前为止，我谈论的都是可以避免的不协调。但并非所有的不协调都是你的错误导致的，也并非都可以避免。你外出旅游，或者和来自不同文化背景的人一起工作、生活时，你的言行或多或少会激怒别人，哪怕你已经极力避免。

这种事情你也无能为力。如果你无法流利地说一门语言，那么你在试图清晰表达时引发的尴尬错误可能数不胜数。又或者，你想做一个手势，在你的文化背景里是"好"或"停"的意思，但在别的文化里含义截然不同（甚至可能非常不好）。或者你讲了太长时间，做了什么唐突之举，哪怕在你的认知里，这样是礼貌的。这个时候，你可能是在传递善意和礼貌，但对方却在想，"这个人简直是浑蛋，一点都不尊重我。"

别不当回事。所有商业交易，有时候包括人际关系，都可能建立在这些小事情上，比如太多（或太少）眼神交流，或者没有用右手，而是用左手捡球。

不过别担心，防止这种问题出现也极为简单。学会礼貌且尊敬地解释你的窘迫，对于任何文化来说都极为受用，你只需要：在一开始就直接承认，你可能会犯错。举个例子，你可以说："我已经了解过你的文化，以及我们两种文化之间的差异，但我知道我的言行可能还是不太恰当。我不是有意，但这种情况可能会发生，我最不希望的，就是害你在朋友面前尴尬，让你不得不解释我这种冒犯别人的行为。如果你告诉我，我们文化里常做或不做的一些举动会冒犯到你们，我会尽全力去避免。"

这种谦卑可以让绝大多数的人卸下防备。甚至可以把不协调扼杀在摇篮中，因为你的提前道歉几乎可以抵消任何错误，不管是用错了刀叉，还是无意中惹了主人的太太生气。所以下次旅游，尤其是要参加各种重要的跨文化商业会议时，记住"开门见山的谦卑"可以消除不协调，一定要记住，出门必备。

➜ 有用的洞察

套用沃伦·本尼斯的话："你真正理解别人的文化，他们也知道你理解他们时，他们会更愿意接受你。"

➜ 操作步骤

下次你要陷入争论，特别是那些长年累月、不断涌现的争论时，停下来，对另外一个人说："现在我感觉你在攻击我，我猜你也有同样的感觉。但事实上，我认为我们都在自我保护。所以我希望你知道，我并不想伤害你，我想你也是如此。达成了这个共识，我们可以重新开始，我相信我们可以一起解决这个问题。"你这么做了之后，你就会告别彼此的认知失调（这个人太浑蛋了），取而代之的是互相尊重（这个人确实是想解决我们的问题）。

第十章　茫然无助时，请主动示弱

别怕暴露自己的脆弱。脆弱不会让你变得软弱，而是让别人能够接近你。要知道，脆弱可以成为你的力量。

——基思·法拉奇，《别独自用餐》作者

通常情况下，走进别人的内心需要花些功夫。病人第一次在我对面坐下时，我完全不知道什么会使他们抓狂（或什么会把他们变成定时炸弹）。在开始的几分钟里，他们对我来说充满秘密，我对他们也是如此。

但维贾伊是个例外。他没有到我的办公室来。实际上，他在印度，在世界的另一端，我们从未见过面。他读过我的博客，在网上找到我的邮箱，给我发了"冷冰冰"的邮件。

但这不要紧，我读完他的邮件就知道了他的真切感受。因为

30 年前，我和他面临同样的处境，我也不知道该做什么。维贾伊在邮件里这样写道：

> 我希望我从未出生，我希望可以从房顶跳下来，每一天醒来时，我都希望自己可以一直沉睡，永不醒来。我对自己发誓，不管如何，我都不会真的自杀，因为我非常害怕死亡，因为我还一事无成，比起活着，现在死去徒增他人烦扰。
>
> 我也不想给家里带来负担，我不希望他们经历这种巨大的痛苦，更不想让父母觉得，他们对妹妹和我含辛茹苦的付出都付诸东流。
>
> 这不是他们能承受的。但我真的对活着毫无兴趣，医生，我觉得引发这一切的主要原因就是 5 月 15 号的那场普通级考试。我压力很大，我想要考个高分让父母开心。我爸总是对我说，前两门我考得都不太好，所以后面这三门一定要发挥好。我觉得如果我考了 B，没有考到 A 的话，我的父母都不会再爱我了。
>
> 郭士顿医生，期待您的回复。我都不知道能跟谁说这些，求你了，医生……

我很清楚我应该消除维贾伊对于考试拿 B 的恐惧。每年都有数十个孩子因为这种小小的事情自杀，特别是在印度非常重视学业成绩的文化里，这个问题尤其危险。

所以我当即给他回信。我告诉维贾伊，对于他的痛苦，我很难过。我知道他一定会觉得很孤单，于是我给他讲了我的故事。

刚读医学院时，我一度无法继续学业。我通过了考试，但我觉得我什么也没学会，因为我的大脑无法思考。我把整本书都画了重点，希望它们可以进入我的大脑。一想到以后面对病人手足无措的样子，我就无比惊慌。

所以我就去找我的父亲，告诉他我要退学。和维贾伊的父亲一样，他也是那种不擅长处理情绪的人，常把情绪看成借口。当我告诉他自己的决定时，他厌恶地看着我，问我："你考试不及格？"

我回答说："不，我考过了，但我感觉学不进去，书上的东西没办法成为我脑子里的知识。"我们开始争论，过了几分钟后，我放弃了，低头看向地面。

他继续说着，提出我应该找个辅导老师，或者尝试其他任何方法渡过这个难关。最后他说："我们达成共识了，你找辅导老师，然后接着待在学校。"

我心想，我不能回去，要是回到学校，可能会发生不好的事。我害怕我会发疯，或者结束自己的生命。

于是我抬起头，直视他的眼睛，发自内心地说："你好像没听明白。我！很！害！怕！"这是我唯一的想法。我甚至不知道我是否有权利感到害怕，或者我在害怕什么——除了知道回去上学对我来说不好。我只知道我很害怕。

我说完就开始哭，不是想要给自己找借口，或是替自己难过，我哭只是因为我害怕，需要释放压抑已久的情绪，把这件事情从我脑子里赶出去。

幸运的是，我爸虽然表面理性，看重结果，但内心还是很关心我的。我以为他会说："你太软弱了，我很失望，离我远点。"他如果这么说，可能会把我逼到悬崖边缘。但他没有，他握紧拳头，接着他的怒气就消失了，他对我说，"做你该做的事，我和妈妈都会尽一切可能帮助你的。"

这就是我一生中最有力量的时刻，它发生在我人生的最低谷。这件事改变了一切，因为我非常诚实地尊重内心深处的恐惧和羞愧。我也让维贾伊这样做。

▇ 敢于示弱，收获理解

和大多数年轻人（尤其是男孩子）一样，我曾经认为，赢得尊重意味着永远不要展示出弱点，尤其不要对我父亲示弱。相反，我要掩盖错误，不露怯。但从这个经历中我学会了几件事。

其一，如果你诚实承认错误，别人会原谅你，甚至试着帮你。其二，说出实情并不会让他们生气或失望，他们生气或失望的是你为了掩盖真相所做的一切。

再者，在搞砸事情之前先请求别人的援助是为上策。如果把事情搞砸之后再去求助，别人可能会认为你在逃避惩罚。话虽如此，搞砸之后求助还是好过根本不求助。

承认自己脆弱是一种力量。它可以使你避免杏仁核劫持，进而避免仓促做出决定，或是做出极糟糕的选择。你可以深呼吸释放压力，而不致崩溃。相反，如果你的内心世界已经崩溃，却还假装自己没事，可能会非常危险，甚至是致命的。

但"承认脆弱"不仅仅在于发泄情绪，还在于理解别人。要理解其中的原因，我们回到第二章探讨的镜像神经元，这种脑细胞可以让我们与他人感同身受。

如果你感到害怕、受伤，或是受到羞辱，却仍然因为害怕失去他人尊重而掩饰自己的情绪，那么通常会发生以下情况：

- 你的镜像神经元受体缺陷加重。你觉得不被人理解，因为别人无法理解你。没有人知道你到底发生了什么。你孤立无援，而这是你自己一手造成的伤害。
- 你担心不再尊重你的人（可能是父母，老板，孩子，或是伴侣），无法投射你的不安，无法理解你。相反，他们感受到的是你为了掩饰不安而表现出来的情绪。如果你用愤怒掩饰恐惧，你得到的也是愤怒。如果你用"去你的"这种态度掩饰你的无助，对方也只会说"好啊，去你的"。

而敢于示弱，敢于说出"我很害怕""我很孤单"，或"我不知道怎么走出来"时，对方会马上投射你的真实感受。

这是生理机制；对方是情不自禁。对方会知道你有多难受，甚至也会感受到同样的痛苦，会希望你的痛苦（在某种程度上也成了他的痛苦）消失。这就使得他想要帮助你，进而得出一个解决方案。

有趣的是，哪怕你是向不怎么喜欢你的人承认脆弱，也会得到一样的结果。我最常需要做的一件事就是和"浑蛋"打交道：那些公司领导有着过人的技巧，同时也有着致命的弱点。通常他们都很粗鲁自大，导致好的员工都结伴离去，他们也创造出一个恶性的环境，没有人能在这样的环境下正常工作。他们数月或数年折磨着员工，让员工觉得渺小、软弱、害怕、无足轻重、低人一等，或自惭形秽。我到现场后发现，这些员工只想做一件事：报复。

接着非常惊奇的事情发生了。我让这些问题经理直面自己的失败，并告诉他们公司的未来取决于这个问题是否得到解决，没想到他们都接纳了，并问我："怎么做？"我的第一个建议就是：暴露你的脆弱。告诉与你共事的人，你知道自己一直以来都很浑蛋，告诉他们你会尽全力去改变。把这些事摊开来说，争取他们的同情。

令人惊讶的是，大部分的人都会表示同情。哪怕这个人让他们经历了这么多痛苦，他们还是会原谅。他们甚至积极支持这个改过自新的浑蛋。结果就是，这些"前浑蛋"大多都得到了改过自新的机会，有些甚至和之前伤害过的人成了好朋友。

暴露弱点同样可以快速建立强烈的即时联系，甚至可以把完全陌生的两个人变为朋友。我的伙伴基思·法拉奇就在训练课上使用这种方法，让人们放下戒备，如他所说，"分享自己人性的一面"。

最近从那些有勇气说出自己弱点的人那里，我听到了很多触动人心的故事。比如，有个年轻人做了半年销售，但他业绩并没有达标。他的薪金大幅下滑，他甚至卖掉了房子，让妻子和两个孩子跟着他搬去了小很多的公寓。另一个年轻人说，他有个自闭症的孩子，他爱他的孩子胜过一切。他告诉我们，自从知道自己陪小孩玩耍的每个小时，都是在帮助孩子成长，避免孩子向阴暗面发展之后，他面临着持续不断的挑战。他总是左右为难，一边是要腾出时间陪伴孩子，一边是要上班赚钱养家。

这就是他们会经历的一些难关。很多人可能都不敢说出自己的故事。但在你勇敢分享自己的弱点之后，会发生两件事。首先，你会发现和你对话的那个人在生活中也有着类似的弱点和问题。其次，他们非常同情你，马上就会想帮你。他们提供联系方式，出主意，或者仅仅是深表同情地认真倾听。而在这个瞬间，你就和你的新朋友发展出了一段亲密的关系，甚至有可能比你和其他老朋友更为亲密。

如果你是向那些真正关心你的人暴露弱点，你更可能获得支持和同情。父母出于血缘的纽带关系，发自内心关心你，无论他们表现得多么无礼和严苛。向他们展示你的伤口，可能对你来说有点别扭，但他们绝对不会往你伤口上撒盐。相反，他们总会找办法帮你疗伤。

所有这一切都会让我想起维贾伊。读完我的回信之后，他找到他父亲，告诉父亲他害怕失败，害怕让家人失望。令他吃惊的是，他父亲并没有说"你太让我失望了"。维贾伊没有受到批评，他害怕的事情并没有发生。他的父亲居然表示理解，也袒露了自己的弱点，解释道，他知道自己有时候缺乏耐心，他自己的缺点阻止了他倾听维贾伊的心声。然后他们向对方敞开了心扉，共同想出一个解决办法。父亲表示会尽量多些耐心，而维贾伊则不会再火上浇油。不管维贾伊取得怎样的成绩，大家都会照常相处。

他们谈话过后，维贾伊发了一封邮件给我："我不知道原来感到害怕也没关系，我还担心如果犯了错，父亲或其他人就不会再接受我。"他学会了一个道理，这个道理我们也明白：在你需要得到别人的理解时，直接说"我搞砸了"或者"我害怕"通常是最明智的举动。

换言之，暴露弱点并不意味着软弱无能，相反这会赐予你力量。

➤ 有用的洞察

你走投无路，或者内心积压之事让你感觉处于进攻状态时，走进你的内心，感受你的恐惧，并承认自己的弱点。

➤ 操作步骤

下一次恐惧或不安时，不要再逞强假装没事了，想要在谁面前隐藏情绪，就找到他，告诉他真相。

下一次当你怀疑有人害怕，或是不安沮丧时，鼓励对方跟你谈谈。让对方知道，如果他说出"我很害怕"或"我犯了个错"，你会很佩服他的勇气。

第十一章　远离五种"有毒"的人

> "有毒"的人会夺走你的自尊和体面，同时毒害你的灵魂。
>
> ——丽莲·格拉斯，心理学家

喜欢与人交往，愿意竭尽全力这么做。我的搭档基思·法拉奇说过一句座右铭"绝不独自用餐"，我奉为圭臬，而且我非常感激几乎我遇到的每个人都丰富了我的生活。

不过，有时伸出援手并不正确。这是我最终费尽心力学到的宝贵一课。

四年前，我做了一台救命的紧急手术。在康复期间，我终于得以认真思考一下生活中的压力源，这些压力源影响着我的健康，甚至让我无法尽情享受生活。虽然这话从一个精神学家的口中说出来可能有些奇怪，不过在我的压力源清单上，排在首位的却是人。

不过，不是一般的人。生活中最大的压力源是那些"垃圾人"，比如容易心烦意乱、难以取悦的人，一次次让我失望的人，不愿合作、公平竞争的人，或不断找借口指责他人的人。就在那一刻，我在病床上做了一个决定，以后在生活中远离这些人。我真的做到了，因此，我变得更健康、更快乐，在各个方面都更成功。所以，如果你正在学习我的沟通技巧，我希望你同样可以说到做到。

虽然本书的初衷是帮助你如何与那些可以让你生活变得美好的人进行交流，但有些人并不想让你的生活变得更好。相反，他们想要摧毁你的生活。这些人中有些人想榨干你的价值，有些人则想欺骗你、阻挠你，甚至让你替他们背锅。为了拯救自己，你需要让这些人无法伤害你。

下面提供三种方法：第一，直面他们；第二，消除影响；第三，远离他们，确保他们不会黏着你。

我知道你肯定会想"说起来容易做起来难"。有时你们会在经济上或情感上纠缠不休，很难做到我说的"断舍离"。但不管痛苦与否，处理好这些人（或者把他们从你的生活中赶出去）对获得成功、保持理智至关重要。下面教你如何识别这类人群，并且保护自己不受他们攻击。

■ 精神穷人

偶尔有些需求不是什么大问题，真正的麻烦是那些想榨干你的精神穷人，这才是你需要担心的。

精神穷人可能从情感或经济上摧毁你，甚至两者兼而有之。他们会给你发送这样的信息："我需要你帮助我解决所有问题。""没有你我什么也做不了。""我的幸福完全仰仗你。""离了你我也活不了。"这些人与需要帮助的人不同，后者只有在真正需要的时候才会寻求帮助，并会对此十分感激。而精神穷人需要不间断的帮助和关注，用情感绑架你，只有在你因为他们惹上麻烦时才会表达感激之情。精神永远病态贫乏的人会吸干你的生命，因为无论你为他们做什么，都远远不够。他们不是偶尔向你寻求支持，而是完全依赖你，直到把你压得喘不过气。一旦你成了救命稻草，他们无论如何也不会松手。（他们到底为什么要这样做？）试着把他们的手撬开，他们反而会抓得更紧。

精神穷人拒绝自己做决定或解决问题。他们希望你花时间手把手帮助他们解决生活中的所有问题。你帮他们处理了一次危机，只会发现他们已经在为下一次危机感伤不已。每次你试图把他们拉出来的时候，你会发现自己在泥潭里越陷越深。

如果你花太多时间和这样的人相处，你会感觉到沮丧无能，因为你把自己弄得精疲力竭，除了听到"我还是没钱。我还是很难过。你失败了，你答应要救我，但是你根本没做到"之外，得不到任何回报。这是第二章中镜像神经元受体缺陷的典型表现。

如何判断自己是不是在和一个精神穷人打交道呢？如果你怀疑自己陷入了这种状况，用下列问题给对方打分看看（分值范围：1～3，1 = 完全不会；2 = 有时；3 = 几乎总是）：

- 这个人会发牢骚吗？
- 这个人爱抱怨吗？
- 这个人看起来像受害者吗？
- 这个人似乎是在说："感觉对不起我吗？"
- 这个人想要得到你的同情吗？
- 如果事情不尽如人意，这个人会哭吗？会表现得很受伤吗？
- 这个人有没有试图让你感到内疚？
- 在你看来，这个人是不是一个需求永远得不到满足的无底深渊？
- 你想要远离这个人吗？
- 每当你收到对方的语音邮件或电子邮件，你会不会感到焦躁不安？
- 你有没有想对这个人大喊一声："坚强一点！"
- 你会因为站在对方的对立面感到内疚吗？

以下是对应的评分等级：

12 = 无须费神费力：一个值得留在你生活中的人。

13～24 = 中度费神费力：这段关系真的值得你花时间吗？

25～36 = 费神费力：如果可以的话，在这个人把你吸干之前赶紧远离吧。

如果你正在和一个精神穷人打交道，显而易见的答案就是远离。不过如果这段关系对你很重要，你还想挽留的话，你可以选择给对方改变的机会。

例如，德里克的女朋友贾达总会征求他对她工作、生活，甚至是衣服的看法，起初德里克乐在其中，但是后来他终于意识到，她的需求永无止境，他越来越厌倦她没有对自己生活负责的能力，厌倦她无休止的崩溃和情绪化的求助，还有长期以来的抱怨。

德里克找我寻求解决方案，我建议他使用一种方法，我称它为"以柔克刚"法。我建议他对贾达说以下几句话，同时清楚表示说这些话也让自己很痛苦：

"我越来越想要避开你了，因为几乎每次我问你为什么没去做事，你都会找借口开脱或责怪别人。几乎每次我指出你需要改进的地方，你要么装作很受伤，要么哭，或者发脾气。我们每个人都会时不时地感到失望、受伤或沮丧，但你要是每次都大发雷霆或极度情绪化，我待在你身边真的太累了。你有权以你选择的任何方式做出回应，但我也有权为自己开脱或者远离你，我也可能会这么做，而且你这样对我们的关系也不会有什么帮助。所以我希望你开始对自己负责，并找到一种方法能让自己沮丧时不要崩溃。"

这么回复可能会导致两种结果。如果这个人足够聪明，认真对待你传达的信息，你会看到事情往好的方向发展。另一种情况则是这个人可能拒绝改变，甚至变本加厉，那么你可能需要考虑这段关系是否还值得挽留。

这可能看起来是一剂猛药，你也不一定要这样对他说。然而，对于精神穷人，你需要下这样的猛药。病态索求成为一种行为，应对这种做法，谨记格言"打嘴仗不如真行动"。

如果你正和这样的人打交道，还有一个必要警告：极度病态的索求有可能是边缘型人格障碍的征兆。患有这种疾病的人也会有以下表现：

- 他们的要求比抱怨更多。
- 他们极度害怕被遗弃。
- 他们要么理想化你（"你是我活着的理由"），要么贬低你（"你就像其他人一样自私"）。
- 他们没有核心人格。脑袋看起来空空如也，因为他们就是如此，为了填补这一空洞，他们寄生在距离自己最近的人身上。

- 他们冲动行事。例如，他们喜欢不安全的性行为，或者爱开快车。
- 他们有极端的情绪波动，经常大发雷霆，甚至以自杀相威胁。
- 他们可能会表现得很偏执（"你看似很在乎我，其实你只想伤害我"）。

如果你和这样的人打交道，那你麻烦就大了。如果你还没有在这段关系中陷得太深，那么最安全的选择就是赶紧逃离。不过，千万要小心，因为有边缘型人格障碍的人可能会变成跟踪者。

边缘型人格障碍是可以治疗的，但即使是专业人士也很难去帮助他们。独自去尝试拯救一个边缘型人格障碍的人，可能会引火烧身。

■ 地头蛇

在工作中，我总是遇到受欺负的人，几乎不会有人要欺负我。不过，我对上次发生的事件记忆犹新。

应检方的要求，我参加了 O. J. 辛普森谋杀案的整个审判过程。律师们想让我提些建议（虽然他们经常不予采纳听取……但那是另外一回事了）。

突然，在庭审过程中，臭名昭著的辩护律师 F. 李·贝利（F. Lee Bailey）询问当时受被告方攻击的调查人员马克·福尔曼（Mark Fuhrman）是否认识我。贝利在法庭上指着我，意图误导大家福尔曼的证词是我教的。一时之间，我发现自己成了全场焦点，出现在了国家电视台上。

后来，在与检方律师和我的一次会面中，贝利试图当着我的面提出同样的指控。但我知道如何对付像贝利这样的人，所以我并没有按照他所期望的行事。

几分钟之内，贝利说了这样的话："郭士顿医生，我们不知道你为什么会到这里来，但我们知道几乎整个审判过程你都在这里。"他说话的时候，我直视着他的眼睛。我既没有说什么，也没做什么，只是偶尔眨巴眨巴眼睛。

最后，另外一位律师看着我说："马克，你什么都没说。"

于是我说道："他都还没问呢。"我又回头看了眼贝利，他稍有些退缩。

接下来，贝利问我是否给福尔曼洗脑或下药，或者教他准备了什么证词。我想起了当时他在难以忘怀的"黑鬼"单词事件中对福尔曼步步紧逼的盘问。显然，贝利希望我惊慌失措，希望我说出些蠢话，他可以借此歪曲我。

即使你清白无辜，但被 F. 李·贝利盘问还是容易犯怵。

然而，我的优势是看穿了他的把戏：他的目标是挫败我，让我毫无招架之力，然后激怒我，让我失去理智。

因此，在他问我是否给福尔曼下药或洗脑这个令人震惊的问题之时，我先是在心里数了 7 秒，才清了清嗓子。这时，房间里的每个人都屏息等待，好奇我会说些什么。我又等了 7 秒，然后开口对贝利说，"不好意思，贝利先生，刚才几分钟我走神了。你可以再重复一遍吗？"

他简直目瞪口呆。我怎么敢表明世界上最令人畏惧的律师如此无聊，以至于让自己分心呢？结果，在那之后，他做出了让步。事实证明，如果你以其人之道还治其人身，他通常也无计可施。

这个教训很简单："地头蛇"追杀你是因为他们认为你是容易捕获的猎物。拒绝遵循他们的剧本，他们通常就会放弃，转而寻找下一个目标。

当然，有时也没什么好方法对付这样的人。例如，如果你非常需要你现在的工作，而你的老板有权随心所欲地招人或解雇，你唯一的选择就是保持低调，最大限度减少与他的交流，寻找一个不那么危险的环境。然而，即使在这种情况下，如果你不显得那么脆弱，你就不会成为对方理想的目标。

一个"地头蛇"试图用言语攻击恐吓你时，你应该这样做：进行眼神交流。表现得非常有礼貌，但又显出有点无聊，就好像你心不在焉。让你的肢体语言传递同样的信息：站直，放松，抬头，好像你在倾听，但又不是很认真。双臂随意垂下，而不是戒备地交叉在胸前。通常，这种举动会让仗势欺人者感觉不舒服，甚至感觉被愚弄，所以他们会有所退缩。

如果你的处境允许你冒险，那么在对付他们时，你就有了其他选择。我最喜欢的方法是猛烈反击，这会让大多数"地头蛇"完全措手不及。他们之所以欺凌别人，是因为他们逃脱惩罚，但在内心深处，大多数人都知道这并不是理想策略。有时他们只是需要一次当头棒喝。

"现在我最高兴的一件事就是我不用为你工作了"，我故意这么说道。

"什么？"跟我一起吃饭的弗兰克惊讶地答道。我刚刚遇到了他，弗兰克今年43岁，是一家公司的高级销售副总裁，公司发展蒸蒸日上。在比弗利山酒店著名的马球酒廊，他刚刚以一种轻蔑的姿态对女服务员说了一句下流话。女服务员只能不安地对他微笑，然后看着我，好像在问"你这离奇的朋友是哪位"？

我看着弗兰克的眼睛。"是的，我不想为你工作了，如果犯错我会非常害怕告诉你，因为你总是表现得极其轻蔑，进而转变成辱骂。人生苦短，我忍受不了你这样的恶霸整天胡说八道。"

他惊得下巴都要掉了。怀疑地看着我说，"从来没有人这样跟我说话。"

"嗯，"我说，我当时确实在胁迫他，"也许得靠一个人才能了解另一个人。但更重要的是，难道我说错了吗？"

弗兰克坦白说："你说得对。这让我妻离子散，还丢了工作。"然后，他身体前倾，好像不想让任何人听到一样，低声说："还有救吗？"

我不假思索地回答说："这是一种瘾。你至多能不做个恶霸。你必须每天练习，否则你会不进则退。但你值得一试，因为这样，你在生命的尽头不会那么痛苦，你会收获更多的朋友，人们也不必在你的丧礼上撒谎来找些好话。你会取得比你想象中更多的成就。"

他笑了。"你能帮我吗？"

我想了一会儿："我想知道你是不是一个彻头彻尾的恶霸。如果你喜欢打击人，特别是像这里的女服务员一样不会反击的人，那么我不会帮你。因为你所攫取的已经超出你的应得，而且，我还会帮助所有被你欺负过的人来收拾你。然而，如果你表现得像个恶霸，只是因为不知道除此之外还有什么更好的方法，能帮助你完成事情，那么就还有回旋的余地。我可能会帮你。"

说到这儿，我停下来看看他会怎么做。他的表现告诉我，接下来我有的忙了。

就像弗兰克一样，许多"地头蛇"习惯了受害者畏首畏尾。所以当这种情况发生时，他们会表现得如此轻蔑，以至于有人欺负他们时，他们会被打得晕头转向。这是一个高风险的举动，但是回报可能非常可观。不过，除非你不介意失去客户或合同，并且有方法可以确保自己全身而退，否则不建议尝试使用这种方法。

■ 索取者

你身边应该就有这样的人。他们每天都会打电话要你帮忙（"你能帮我接下电话吗？""你可以带我的孩子去踢球吗？""午餐你可以买一下单吗？"）然而，奇怪的是，他们似乎从来没有时间或精力来报答你。

这些人通常不会毁了你的生活，但可以毁了你的一天。他们会让你看起来效率低下（因为你总是帮他们忙活，无暇顾及自己的事情），让你感觉愤懑，因为他们会占用你的个人时间。

尽量避免接触索取者，哪怕做不到，也要消除他们对你的影响。怎么做呢？这是本书中最简单的技巧。下次再有这样的人寻求帮助时，你就按照下面的剧本来走。

索取者：你可以帮我准备 PPT 演示的图表吗？我知道这是我的事，但我现在忙得不可开交。

你：当然没问题！你或许可以替我接手周四的实习生入职培训。

索取者：哦……

你：我猜你不介意帮我这个忙报答我，对吧？

索取者：哦……

这样做一两次，并且每次都要坚持等价交换条件，索取者就会转向更容易的猎物。此外，提前识别索取者，准备好随时向他们提出要求。这是一个很好的方法，因为你不需要说"不"，也不用发火，或是给对方任何生气的理由。因此，你不会树敌，你只需送走他，让他去寻找下一只"替罪羊"。

■ 自恋者

这些人并不想伤害你，他们也不会在乎你，除非你是他们的忠实观众。自恋者不会投射你的感受、情绪，因为他们忙着问："镜子，镜子，谁是这个世界上最美丽的人？"然后自问自答："是我！"我的一位朋友爱德华·霍兰德可以被称为"精神自慰者"，因为他们真的只会自我欣赏。

自恋者的座右铭是："好的……你的事情说得已经够多了。"（即便你还根本没有开口！）自恋者总是要站在舞台中央，期待你坐在台下为他们鼓掌喝彩。他们会打断你的故事，大吹大擂自己的成功而对你的成功视而不见，希望你别把自己那点琐碎的事当回事儿，最重要的是他们的事情。

然而，自恋者（不像我接下来讨论的精神病患者）本质上不一定是坏人。通常，他们只是被宠坏了。有时候如果你理解了他们的行为，你甚至可以和他们一起共事。例如，如果你的生意伙伴是个自恋者，那么调低你的期望值，永远不要期待这些人会做不符合自己最大利益的事情。这样，即使对方行为自恋，你也不会感觉措手不及，可以继续保持清醒。

如何判断自己是不是在和一个自恋者打交道？根据下面这份"自恋人格清单"给对方打分（分值范围：1～3，1 = 很少；2 = 有时；3 = 经常）：

- 这个人会经常不惜一切代价追求完美吗？
- 这个人会经常无缘无故表现得对你不耐烦吗？
- 这个人会经常在你说话时打断你吗？如果你反过来打断他，他会生气吗？
- 这个人会经常希望你放下正在思考的事情，先去倾听他吗？如果你期望他也这样做，他会生气吗？
- 这个人是不是经常说话多于倾听？
- 这个人会经常说"是的，但是""那不是真的""不""不过"或"你的问题是什么"吗？
- 这个人会经常抗拒、讨厌去做对你而言很重要的事情，仅仅因为这件事情不太方便？

- 这个人是不是经常希望你愉快地做一些对你而言并不方便的事情呢？
- 这个人是不是经常希望你接受你会被 TA 拒绝的行为？
- 有多少次需要说"谢谢""对不起""祝贺你""打扰了"，但他却从未说过呢？

根据上述问题给这个人打分，然后相加计算总分：

10～16 = 这个人很好合作。

17～23 = 这个人爱争辩。

24～30 = 这个人是个自恋者。

如果你不能改变一个自恋者，你应该伸出援手还是知难而退？这要视情况而定，因为自恋者可能成为生活中的好伴侣或商业中的好搭档。几乎所有的政客都是自恋者（不然还有谁能让他们家人经历那一切？），大多数演员、许多干劲十足的律师和首席执行官也是如此。

自恋者通常在生活中会取得巨大成功，偶尔凑凑热闹可能是不错的经历。他们有时会让你得意忘形，其他时候，会让你十分难堪，就像艾略特·斯皮策（Eliot Spitzer）①妻子知晓丑闻后得到的教训一样。不过终究还是取决于你自己，不过如果要想保持

---

① 纽约州前州长，因性丑闻下台。——译者注

这段关系，千万不要指望双方对等。

■ 精神病患者

几年前，研究人员罗伯特·黑尔（Robert Hare）向一家科学期刊提交了一篇论文，但是得到的回复非常奇怪。这篇论文由黑尔和他的研究生们共同完成，附上了成年男性完成一项简单语言任务时的脑电图照片。这位编辑断然拒绝了这篇论文，表示脑电图的照片"不可能来自真人"。

在某种程度上，这位期刊编辑是正确的。脑电图其实来自精神病患者，这些人一般来说冷血无情。人之所以为人，正是因为情感的存在，这点他们似乎并没有。精神病患者确实在生理和情感上和我们不同。

大约每 100 人中就有 1 个精神病患者，大多数患者都没有被关起来。事实上，典型精神病患者的核心特质：冷漠、缺乏同理心、以自我为中心、残酷无情，这些特质让他们成为世界上最成功的商业领袖之一。不那么聪明的患者最终可能锒铛入狱，但聪明的患者甚至可以成为首席执行官。他们也是情场高手，表面上很有魅力，经常会出现在约会场所。而且大多数人是男性，也有一些最冷血无情的是女性。

你很有可能在某个时刻会遇到这样的人。如果遇到了，那就遵循这条规则：远离。走掉。跑开。如果有必要的话，即使打断双腿也要躲开他们。因为这些人会让你人财两空，情感备受折磨，他们甚至会毁了你的生活，却永远不会回头认错。

大多数人都会犯同样的错误，和精神病患者打交道试图晓之以理，动之以情。但是他们根本在感情上不为所动。想要赢得他们的支持，让他们内疚，或是竭尽所能帮助你，那简直是异想天开。他们可能会装作关心你（事实上，他们非常善于在情感上欺骗别人），事实是毫不在意。他们通常知道如何弥补你的镜像神经元受体缺陷，让你为之着迷。不过，他们这样做只是为了操纵你。

识别一个精神病患者会比你想象得要难，这里有些线索帮你判断：他们会像操纵棋子一样操纵别人，丝毫不考虑给别人造成的痛苦。他们是寻求掠夺性刺激的人。他们谎话连篇，也不在乎自己是不是会被抓包。他们口齿伶俐，魅力超凡，令人着迷。他们渴望权力，会不惜一切代价获得权力。他们出于性或金钱的目的利用别人，然后弃如敝屣。

再说一次，不要误以为你可以"对付"这些人。我靠与人打交道为生，而且我非常擅长这一点，但我在本书中教授的任何一种方法都不会对精神病患者起作用。很简单，这些人缺乏以互惠互利的道德或伦理方式回应别人的神经机制。把一个精神病患者想象成一种有异国情调但却致命的动物，好比一只蝎子——赶紧躲开。即便你会因此搭上钱财、无法升职，甚至丢了饭碗，也要这么做。不管付出什么代价，如果你和精神病患者保持联系，最后只会付出更大的代价。

■ 镜像反思：到底谁有问题

以上我所谈到的人都是生活中会遇到的垃圾人。当然还有许多其他类型，但是他们大多数都很好讲话，或是愿意改变（如果你足够机敏的话，甚至可以直接避免）。在接下来的章节中，你会学习到如何消除他们对你的影响、摆脱他们，甚至让他们为你所用。

然而，如果你遇到"垃圾人群"并试图分析他们的问题时，时刻牢记一点。问问自己：有没有可能（虽然可能性极低）有问题的人是你自己？

例如，如果你认为你约会的每个女孩子都是疯子，那么你可能需要反思一下找出问题的根源所在。一方面，你可能容易被神经质的女性吸引，而这段关系只能无疾而终。另一方面，你可能把自己的个人问题归咎到了女朋友身上。也许她们看起来歇斯底里，只是因为你确实忽视了她们；她们过于依赖、爱发牢骚，是因为你真的没有信守承诺；她们固执己见，是因为你不诚实或含糊其词；她们反复不定，是因为你控制欲太强，抛弃了她们。（如何辨别？最好的办法是，这些所谓的疯狂女性是否婚姻美满，或几年后可以有长期稳定的恋情。如果是这样的话，这就是有力证据。）

认真反思过后，你可能会发觉自己才是那个有点疯的人。不过，不用担心。我们或多或少都会以不同的方式搞砸事情，但是区分好人和"垃圾人群"才能面对那些乱糟糟的事情，从中吸取教训。从了解内情的人开始吧。

我怒气冲冲地开车回家。7分钟前，我的妻子"命悬一线"。她打断了我对一位精神错乱病人的心理治疗。在这样的面诊中，我的注意力往往非常集中。我曾多次警告她不要在这种时候给我打电话。（显然会诊时，不付钱的事情我根本没工夫听）。

我接起电话，一听就知道是她，我说道："干什么？"（就像在说"非得这个时候打电话给我干什么？"），对于她打断我时的声音我并没有顾及。

然而，下一秒，她用恳求的语气说道："请不要生我的气！我现在躺在浴室地板上，动弹不得。"我立刻知道她现在情况严重，哪怕害怕打扰我，她也不得不打电话给我。她吓坏了。

"我现在回去！"我用坚定、负责的语气告诉她。我向我的病人道歉，说家里发生了紧急情况，我们需要再约诊疗时间。我上了车，打了911，没打通。

我开着车，意识到对急救接线员的失望不过是在掩盖对自己的愤怒。我怎么能这么虚伪？显然我向妻子传达的意思是，在这种情况下不能给我打电话。这些心情掩盖了我对接下来可能发生事情的恐惧。

回到家后，我跑到楼上的洗手间，我的妻子说道："谢谢你赶回来，请不要生我的气。"

我承认，自己从来没有实施过虐待，但显然，不能在工作时打电话给我的这条铁律哪怕不是虐待，起码也没有尽到保护爱人的本分。

"别担心，一切都会好起来的，不需要道歉。"我说道，一边想知道自己是一个多么自私没用的混账丈夫。妻子处于生命安全的紧急关头，竟然还要担心给我打电话会受到指责。

顺便说一句，检查结果是卵巢囊肿破裂，一切恢复都很顺利。但在那一刻，我意识到，我的妻子和孩子至少应该拥有和病人同样的特权，无论他们在哪里处于怎样的危险境地，都可以随时打断我。

我剥夺了他们这一特权，是不是很愚蠢？当然。我的行为是不是很糟糕？当然。但就像我曾说的——我们都会搞砸。如果你发现自己有这个倾向，那么关键在于以后不要再犯同样的错误。显而易见，我的亲身经历说明了一个道理：医生，先治好你自己吧。

➡ **有用的洞察**

如果你不能痛快地说"不"，那么你可能有点神经质。如果你真的害怕说"不"，那么你可能是在和一个垃圾人打交道。

如果没有人对你说"不"，那么垃圾人可能是你自己。

➡ **操作步骤**

列出那些在你生活中重要的人。对于每个人，都问自己以下问题：我能指望这个人给我提供实际的帮助吗？情感支持呢？经济支持呢？我遇到困难他会愿意及时帮助我吗？

只要这个人的回答大部分是"否"，思考一下是否对这个人寄予太多期望，或让他赶紧从你的生活中消失。

现在，难度升级：列出一张依赖你的人名清单，回答同样的问题：你能给这些人提供实际的帮助吗？情感支持呢？经济支持呢？他们遇到困难时你会愿意及时伸出援手吗？如果你足够坦诚，你会发现有的问题自己也犹豫不决。如果是这样的话，想办法成为一个积极正能量的人，而非一个垃圾人。

第三部分　建立沟通的 12 种快速方法

掌握了实现沟通的核心原则，你就可以用学到的强大技巧武装自己，完成说服周期，与他人交流。

下面即将介绍的技巧则在几分钟之内就可以促成一个商业项目，达成一项交易，挽回一段关系，甚至改变一生。在沟通中运用这些技巧，你就能获得对方的理解，哪怕你曾经觉得这对你来说是不可能的任务。

我已经标出了"说服周期"中的关键点，在那些时刻运用干预技巧通常最为有效，同时这些技巧非常灵活，也即是说，只要你的目标是说服对方做"不可能的事情"，那么在任何时候、任何情况下都可以灵活使用。

第十二章　变不可能为可能

成效：让他人从倾听转为认可，从"好的……不过"改口为"好的！"

世界上绝大部分有意义的事情，在完成之前都被视为不可能完成的任务。

——路易·D.布兰代斯，20世纪最高法院的法官

鸟儿会飞，人却不能。你不会录制唱片，不会推销宠物石，也不可能光凭在网上卖书就变成千万富翁。为什么呢？因为人人都这么说，至少曾经这样说过。当然，有人确实能够做到，这又是后话了。

如果你是像托马斯·爱迪生（Thomas Edison）、威尔伯·赖特（Wilbur Wright）、加里·达尔（Gary Dahl）或杰

夫·贝佐斯（Jeff Bezos）这样的天选之子，想要把梦想变成现实，你最大的难题，不是坚信你的目标可以实现，而是说服别人相信这一点。让你的同事、客户、员工、老板、投资者，或你的家人转变想法，从"我们做不到"，转变为"也许我们能做到"，最后到"我们放手去做吧"。

几年前，Dialexis的联合创始人戴夫·希伯德（Dave Hibbard）教会了我一个最有效的技巧，如果你因对方无法越过"做不到"这个障碍一直毫无进展，这个技巧可以帮助你扭转局面。他称为"变不可能为可能"，我喜欢称它为"让'但是'滚蛋"。

"不可能问题"的适用对象：在抗拒和倾听之间摇摆，但还没准备好走到"思考"这一步的人。通常情况下，他会在恐惧（"这个想法太可怕了，万一失败，我就完了"）和冷漠（"这可能是个不错的想法，但听上去我似乎要付出很多努力"）之间摇摆不定；如果足够幸运，他可能会有点兴趣（"嗯，这可行吗？谁知道呢"），但如果没有推动力，你的想法也只会止步于此。不可能问题就是一个强大的推动力。

工作原理如下：

> 你：有哪些事情是不可能做到，而一旦做到，会给你带来极大的成就？
>
> 对方：如果我可以 _____，那就太好了，但这是不可

能的。

你：好的，如何能把它变为可能？

就是两个这样简单的问题："有哪些事情不可能做到？"以及，"如何能把它变为可能？"

这两个问题为何有如此强大的作用呢？因为它们可以让一个人的态度从戒备、封闭或自私、找借口转变为开放、思考。可以让对方把你的愿景描绘成现实，与你合作进行战略性思考，让愿景成真。

你让别人说出一些不可能的事情，其实是在促使他们转向积极的思考。"我认为这是不可能的，"如果他们说出这样的话，他们的想法会积极地向你靠拢（同意你）。一旦他们进入"是的"VS."不是"或"是的，不过"的模式，你要表示同意，同时附加一个条件（如"如何使它变为可能？"），这样他们会倾向与你合作。

这种方法有点像武术策略的"以彼之道，还施彼身"，它奏效是因为你没有硬碰硬，而是模仿、引导对方，使其不攻自破。一旦发生这种情况，这个人就会从抗拒或考虑转为认可，你也就有了胜算筹码。

这并不意味着对方会立即买账。有时，一开始你得到的答复往往尖酸刻薄、充满敌意："行啊，给我 100 万美元，80 个员工，我就可以按时完成。"但你只需静静地等待，对方的大脑会开始思考你提的问题，觉得有必要给你个答复。实际上，你已经扰动了对方的思绪，平复的唯一方法就是回答问题。如果你得到了回答，你就成功了。

几年前，我在电视节目《观点》（*The View*）中对一位制片人提出了"不可能问题"。他十分称职，为我做好了充分准备，当时我担任客座专家，然后开始谈论他的执行制片人梦。他很聪明，创造力十足，才华横溢，但我看得出他仍受"不能"的想法约束，比如"我不能做我想做的事，因为竞争太激烈了，这个行业简直是你死我活，我没有优势"。于是我问他："有什么不可能做到的事情，一旦做到后，会帮助你很快实现你的愿望，成为一名执行制片人？"

起初他有点犹豫，但紧接着他回答："如果我可以找出钱德拉·利维（Chandra Levy）^①的下落（当时还未在华盛顿特区发现她的尸体），安排芭芭拉·沃尔特斯（Barbara Walters）进行独家采访，我会名声大噪，这可以极大地帮助我成为一名执行制片人。"

我回答说："所以即便你没有这样做，只要能安排芭芭拉对另一位大红人进行独家采访，你也可以达到同样的效果，对吗？"

---

① 曾任华盛顿特区实习生的女子钱德拉·利维于 2001 年 5 月失踪，其遗骨一年后被发现，利维失踪案是当时美国媒体的关注热点。——译者注

"对的，"当时他正要离开休息室，听到这，他停下来，转过身来对我说："我干这行已经十多年了，从来没有嘉宾问过我这种有用的问题。谢谢你。"在事先没有计划的情况下，我也成功地完成了对我来说不可能完成的事情——让一个一年内与数百名嘉宾打交道的制片人铭记在心。

如何在日常生活中运用"不可能问题"呢？不可能问题的威力在于它的灵活性：适用于商业或个人等任何场合，在这些场合下提升都很有必要，但人们总说"这是做不到的"。以下是两个简单的例子。

#1 销售中的不可能问题

销售主管：有什么不可能做到的事情一旦做到后，可以极大提高你的销售成绩？

销售员：我们的工资管理系统要比 X 公司正在使用的系统好得多，如果我可以说服他们试试我们的系统，我们的客户数量就会有质的增加。

销售主管：好，怎样才能实现？

销售员：如果让我们的首席执行官试试和 X 公司的首席执行官谈谈呢？起码他们地位相当，说得上话。对了，或许我们的市场部人员可以想办法邀请其他公司的首席执行官参加个分享会，或者我们公司可以主持一些有趣的活动，邀请他们来参加。

销售主管：嗯，这个主意还不错。做起来不简单，但是方案可行。

#2 客户服务中的不可能问题

如果是一家销售商业软件的公司，客服部门的客户服务高级经理的不可能问题是：有什么不可能做到的事情一旦做到后，会极大地提高客户对我们产品的满意度？

客户服务团队成员：能够读懂客户的心思，预测在他们购买产品后，谁会给我们惹上麻烦；因为他们（那些讨厌的顾客）爱讲我们产品的坏话，口口相传。

高级经理：如何才能变为可能？

团队成员：客户购买产品一周后，我们可以打电话给他们，询问他们产品的效果如何，并向他们介绍一些关于更好利用产品的小贴士，怎么样？这样我们就能发现哪些客户遇到了问题，及时帮他们解决。

高级经理：好极了。我们就这样做吧。

就这么简单，而且这种方法在任何场合都奏效：同事对同事，老板对员工，甚至是员工对老板。别以为这个技巧只适合办公室，在家里它也会派上大用场，带来大变化。

比如，问你的伴侣："有什么方法可以让我们多点时间陪伴孩子，少加点班，同时手头上也过得去呢？"或者问问孩子：
"有什么方法能既保证你的安全，又可以让你做自己真正想做的
事？"再者问问和你同住的年迈父母："如何才能让你放弃开车，
又不会让你太难过呢？"

你问出这些问题后，对方会去积极解决问题，尽管这些问题
在你看来曾是无法解决的。事实上，它们将不再是问题，而是成
为解决办法，有着无穷无尽的可能性。

➤ **有用的洞察**

邀请对方告诉你他们认为不可能做到的事，他们会放
松警惕，考虑什么是可能做到的事。

➤ **操作步骤**

请家里或工作中的某个人说出他想要达成的不可能目
标。然后回答他："我同意你说的。这听起来不可能做到，
那怎样才能把它变为可能呢？"然后和对方一起进行头脑风
暴，思考如何把目标变为现实。

第十三章　魔术悖论

成效：让他人从抗拒转向倾听，从"没有人懂我"到"你懂我"。

去做意料之外的事情。意料之中的事情太无趣，没有人会理睬。
——史蒂夫·斯特劳斯，《小企业创业圣经》作者

魔术大多是手上功夫，但魔术悖论是靠的心智敏捷。如果你表现得自己的目标和真正想要完成的事情完全相反，这就构成了魔术悖论。顾名思义，这是一种强大的魔力。

这一技巧可以让你在说服周期最困难的阶段走入别人的心里：最初，你需要的就是让他们从抗拒转变为倾听，然后再让其开始思考。这是人质谈判一开始的经典套路，在商业危机中也同样行之有效。

要了解魔术悖论的运作方式，想象以下场景：

你是阿特的经纪人，他最近不在状态。你知道他最近离婚了，所以你尽量不给他施加压力，但他现在万念俱灰，你的项目也因此岌岌可危。你不想炒掉阿特，因为你知道他可以做好工作，目前你也没有时间培训其他人。不过，你得想办法让他振作起来，否则大家都会陷入困境。

只要你不傻，你就不会去跟阿特说："听着，我知道你现在很难，但你得振作起来，你知道怎么完成这项工作，我知道你可以的。给自己定些目标，我知道你肯定能追上。要知道我们压力都很大，全指望你了。"

如果你这样说了（大多数的经纪人都会如此），阿特很可能会进入戒备状态，反击道："是……不过。"比如，"是，不过我们时间不够了"。或者，"是，不过没有人帮我"。再逼他的话，他会更加抗拒，愤怒地宣泄，甚至甩手不干。

你不想看到这样的结果，阿特也是如此。所以，你的话要让阿特意想不到：对他的消极心情表示同情。

举个例子，你可以说："我敢打赌没有人知道你害怕不能完成这个项目是什么滋味。我猜你很难过，因为你觉得你让我们失望了。还有，我打赌你觉得没有人会理解处理这些事情有多难。"

接下来就是见证奇迹的时刻。因为你在与阿特感同身受，你会弥补他的镜像神经元受体缺陷，他能感觉到被你理解，可以进行交流。这就是悖论之一：明确地告诉他，你知道他觉得没有人能理解他，这样他会意识到你确实懂他。

其二是，如果你能说出阿特所有消极态度的背后理由，他的态度会变得更积极。一开始，他可能会产生矛盾心理，来回摇摆，他会说："是的，现在太糟糕了。但我知道你需要我来做这件事，我会试试看。不过别指望有奇迹。"这时，你给予了他足够的前进动力，促使他直接接受提议："我知道我搞砸了。但我能做到这一点。我真的可以。给我几天时间，我会把失去的时间补回来。"

魔术悖论的原理是什么？促使对方说出一连串的"是"（"是，你说得对，我的生活一团糟，我再也受不了了"），对方的态度就会从不同意转变为同意。一旦你建立了融洽的关系，对方在情感上就做好了合作的准备，而非还击。回想第一章中的人质场景，你会认识到这与克莱默警探用来化解潜在致命危机的方法如出一辙。

像克莱默一样，我用魔术悖论在生死攸关的情况下瞬间改变了对方的态度。在我的职业生涯中，我曾经治疗过一位极度抑郁的妇女，她在惨遭强奸后曾两次试图自杀。治疗的 6 个月里，她坐在我对面，很少开口，从不与我进行眼神交流。有一天，她谈到自己过去的可怕经历时，我更加感同身受，突然感觉到她一生中那些绝望的重担全都落在了我身上。我感到这种巨大的晦暗甚至使得整个房间变得黯淡无光，我快要透不过气来。

我几乎脱口而出："我从不知道有这么糟糕，我不能帮助你自杀，但如果你自杀了，我依然会认为你已经很棒了，我会想念你，可能我也会理解你那样做的原因。"我被自己吓了一大跳，我竟然允许我的病人自杀！但我话音未落，那个女人看向我，第一次和我有了充分的眼神交流。接着她笑了，她说："如果你真的能理解我想自杀的原因，也许我就不用自杀了。"她确实没有自杀。后来她结婚了，有了小孩，还成了一名心理学家。她让我发现了魔术悖论的力量。

同样地，在工作或家庭生活中，如果情况非常危急，你想阻止他人犯下严重错误，也可以使用这个方法。

下面这个故事发生在罗斯和她十几岁的女儿莉齐身上，莉齐最近和赖安走得很近，妈妈罗斯知道这个男生的名声不太好。

莉齐（怒气冲冲地大声说）：够了！我受够了你的那些规则约束！我要搬去和赖安一起住，我已经18岁了，你拦不了我。

罗斯（深呼吸，遏制住大吼回去的冲动）：我们聊一会吧。我猜你肯定觉得，没有人理解你被我们制定的规则约束的窒息感。

莉齐：没错！我真的要窒息了！

罗斯：我打赌你生气是因为自己现在快成年了，却还要和父母生活在一起，你觉得我们理解不了这对你来说有多难。

莉齐（开始冷静下来）：嗯。

罗斯：另外，我猜你觉得我们根本不明白你面临着怎样的压力，也不明白你正在努力做出一个非常艰难的决定。

莉齐（开始喘息）：真的很难。我又不能和你们讲这些，因为你和爸爸都有自己的问题要处理，更何况爸爸还丢了工作。

罗斯：现在确实很难，但你的问题和我们处理的问题一样重要。或许我们可以坐下来，讲讲发生的这些事，这样彼此都会好受一点。你能和我一起喝杯茶聊聊吗？

莉齐：当然。

在谈话开始，莉齐把罗斯视为敌人。但运用魔术悖论后，妈妈引导莉齐说出了一连串的"是"，使莉齐的情绪逐步平复，愿意暂且休战。简而言之，莉齐在短短几句话之内经历了从抗拒到倾听，再到思考的转变，从而妈妈有了更大的机会劝她不要走错人生中的重要一步。

■ 赢得信任的举动

魔术悖论并不仅仅可以帮助他人喘息，或是说服他人做出正确选择。同时，它是一个强有力的手段，帮助你赢得那些疑神疑鬼之人的信任。如果你工作的环境较为消极，这个方法也可以帮助你，让他人意识到错误并不是你造成的。

杰克是洛杉矶一家律师事务所的新任执行合伙人。该事务所想要招收更多女性员工，但在业界是出了名地爱压榨员工，员工会感觉到压力巨大，特别是有小孩的女性员工。这些员工常会感到愧疚，平时都要请人照顾孩子，自己很少有时间陪伴他们。

有一天，工作第三年的助理香农情绪崩溃，因为她三岁的孩子无数次告诉她："我讨厌你总是要上班，我再也不喜欢你了。"这事把香农推到了崩溃边缘，杰克从门缝里看到她时，她正趴在桌子上哭。

对此，之前的执行合伙人只会装没看见，不过杰克有不同的感受，因为他很爱自己的孩子，并感激妻子能够留在家里陪他们。杰克现在正采取措施可以让员工有更多时间照顾家庭，他知道这需要花些时间，他也知道年轻母亲们有多沮丧。

杰克敲了敲门，礼貌地问道："香农，我可以进来吗？"

香农抬起头："不用了，我没事。"

杰克知道香农会很快会调整回来，但他觉得苦恼的是，事务所声称要善待女性，却从未真正落实到行动上。于是他走进她的办公室，关上了身后的门。

他看着她说："香农，我猜你现在觉得自己一直让他人失望。不是孩子，就是工作，我说得对吗？"

香农抬头看他，愣了一下，然后眼泪一下涌了出来："我讨厌自己让孩子失望，也达不到父母的要求，我讨厌自己最近又开始抽烟，还胖了20斤。"

她突然停下来，突然意识到自己刚刚把这些消极的想法告诉了一个同事。杰克接着说："我猜你觉得事情越来越坏，是吧？"香农哭得更凶了。杰克并没有阻止，他知道她的愤怒和沮丧需要一个出口。他只说了一句："上班的同时还要照顾好家里，真的很难。"

香农只嘟囔了一句"嗯"，但几分钟后，她的泪水渐渐止住了，她的挫败感和无助感也逐渐淡去。过了一会，她站起来，走向杰克，给了他一个拥抱："谢谢你，你是一个很好的老板，也是一个好人。"杰克难为情地笑了，回答她："你是一个很棒的律师，更是一个称职的妈妈！"

在此之前，香农认为杰克与前任老板都一样，异想天开，并且对员工造成的附带伤害根本毫不在乎。然而杰克离开办公室时，香农的看法已经全然改变：杰克是一个支持她、尊重她的同事，更值得她的尊重，也值得她尽全力地工作作为回报。

杰克实现了这个转变，完全改变了他与同事在未来几年的人际关系，他花的时间甚至比其他老板点个餐的时间还短。杰克是怎么做到的？因为他理解魔术悖论的奥秘：如果想让对方做意料之外的事，自己先做个示范。

➤ **有用的洞察**

以"不"作为对话的开头时，你其实给了别人说"是"的机会。

➤ **操作步骤**

选一个在工作中拒绝与你合作，或总是为自己的错误找借口，或总是回答你"是，不过"的人（确保对方确实有能力做这份工作，也有足够的时间和资源完成）。

1. 对他说："我敢打赌，你会觉得我要求你做的事，你不可能做到，是不是？"如果我想得没错，他会点头，觉得摸不着头脑，但因为你的理解稍稍放下了戒心。

2. 紧接着说："而且你不知道是否该直接告诉我你做不到，是吧？"他可能会点头表示同意，甚至直接回答"是"。

3. 最后说，"实际上，你可能在思考做到这件事唯一的方法是＿＿＿"（让对方说出方法）

4. 然后跟对方一起付诸行动。

第十四章　移情沟通法

成效：改变一段关系的动态，一步之差，即可让一个人从抗拒转
　　变为"愿意去做"

比起刀枪，愤怒的杀伤力更大。

——印度谚语

从事这一行时，我厌倦了听同事、夫妻和家人之间的抱怨，他们往往都不愿意听对方说话。我听够了"他说 / 她说"。

我讨厌零和博弈。在这些幼稚的辩论中，我能实现的最好结果是暂时休战。大多时候，我感觉我只是在往一个血流不止的伤口上贴了一个小小的创可贴。

我给导致这些情况的罪魁祸首取名："无知的责备者"。这些人将交流视为一场激战，毫不留情地一边咆哮一边指责另一个人

的过错，丝毫没有考虑到对方的感受。"鲍勃总是会让项目超出预算时间。他从来不听我的建议，因为他认为自己什么都知道，目中无人，非常强势。没有人喜欢他，因为他没有团队精神。还有……"

那些无知的责备者自以为是：他们擅自告诉自己和对方的比分情况。他们对自己伴侣、同事或孩子的想法几乎毫不在意。对于这些无知的责备者来说，聊天的目标不是分享信息，而是尽可能揭对方的短，然后一副置身事外的样子："所以呢，你打算怎么做？"

想要让这些人冷静，或去倾听他人的想法，基本是没有用的。有一天，我不由自主地进行了一次干预，一切都不同了。

当时富兰克林一家来看我，因为他们15岁的儿子哈里不做作业，家务懒得动手，什么话都听不进去。设定休息时间、断网、把他关进房间，这些办法都不起效，只会让他变得愈发闷闷不乐。他的母亲琼看起来似乎比父亲罗伯特更加心烦意乱。

他们一家刚到我办公室坐下，我询问他们的问诊原因。琼就开始了对哈里喋喋不休地抱怨。罗伯特静静在一边坐着，表示他认同琼的抱怨，也明白哈里为什么会对她的抱怨如此恼火。这时，哈里双臂交叉抱胸，压低的棒球帽盖住了脸，能看出来他此刻宁愿去任何地方，也不想待在这个房间。

我必须想办法在不疏远琼的同时，让哈里和罗伯特也加入进来。我试了个新招。

"琼，"我坚定而自信地说，声音中没有任何敌意或沮丧，"如果我问哈里，为什么他认为这次会面只是浪费时间和钱财，他会怎么说？"

"啊？什么？"琼对哈里一长串的抱怨还没说完。

我把问题重复了一遍，补充道："琼，你站在哈里的角度想想，然后告诉我为什么他会觉得这次见面只会浪费精力，解决不了任何问题。"

这时，有趣的事情发生了。琼怔住了，罗伯特疑惑又好奇地看着我，帽子压低的哈里却稍稍松开双臂，下巴微抬，可见我已经成功引起了他的注意。

琼想了一会，回答我："他会觉得浪费时间，可能是因为接下来妈妈会一直说教，爸爸会听之任之，大概率也不会反驳什么。在家里就是这样的。"

"真的吗？"我问了一句，想要确认琼从攻击转向了理解。接着我补充道："那如果我问哈里他有多烦，你猜他会怎么说？"

琼回答："他可能会说受不了了。"

"那如果我问他，他会做什么，或者他想要做什么呢？他会怎么回答？"我接着问。

"他可能会说，他想把这一切都抛之脑后，只想尽快离开。"琼回答我。

这时哈里和罗伯特都被我和琼的这段对话吸引住了。

我转头看向罗伯特，对他说："罗伯特，如果我问琼，对于你处理哈里事情的方式，哪一点让她最无奈，她会说什么？"

这时，琼，乃至哈里都开始好奇罗伯特如何作答。

罗伯特顿了顿，回答说，"琼可能会说，我是在干扰她，表面上同意她，暗地里偷偷和哈里达成共识觉得她还会更过分。"

我接着问："如果我问琼她的感受，你猜她会说什么？"

罗伯特："一直以来，所有人都和我反着来，没有人来帮我。"

这时琼突然哭了起来："我讨厌当一个坏人，但生活里都是这些鸡毛蒜皮的事，如果没有人管，哈里就可能犯错。"

这时我终于能看清哈里的眼睛，他也不再抱着双臂。我问哈里："哈里，如果我问你爸爸妈妈，他们是对你感到失望、沮丧，还是更担心你呢？你猜他们会说什么？"

哈里犹豫了一会，似乎突然明白了什么一般，回答我："我猜他们都会说很担心我。"

"他们会担心你什么呢？"我问道。

"担心我最后一事无成，生活很糟糕……但他们控制欲实在太强了，我快要窒息了。"他回答。

"我知道他们的方式很糟糕，但回到你刚刚说的那点，为什么他们会担心你最后一事无成，过得很糟糕呢？"

"因为……他们爱我。"他回答，似乎是长久以来第一次意识到这一点。

这就是我所做的一切。剩下的时间里，大家继续以合作的方式沟通，没有恶毒的攻击、针锋相对和无声的愤怒。富兰克林一家以关心彼此的态度进行交流，而不是像疯狗一样互相撕扯。

在那次意外取得突破之后，我开始用这个技巧弥合律所合伙人、高级经理、经理和他们下属之间的沟通鸿沟或裂痕。（你会在第八章的开头看到一个很好的例子，我在和两个充满敌意的律师沟通时使用了这个方法），我称之为"共情式沟通"，因为这种方法可以瞬间激发人们的同理心，哪怕他们在此之前只觉得反感或完全憎恶对方。这也就是移情沟通法。

运作原理

同理心是一种感官体验，也就是说，同理心可以激活神经系统的感官，包括前面讨论过的镜像神经元。同时，愤怒则是一种运动神经的行动，通常是因他人对自己造成的伤害做出的感知反应。因此，让人们摆脱愤怒，表现出同理心，移情沟通会让人摆脱原始脑，进入理智脑。换句话说，愤怒和同理心，就像物质和反物质，不能同时存在。人一旦愤怒，就会失去同理心，反之亦然。因此，如果你不再责备对方，而是将心比心，那么你就可以浇灭对方的怒火。

那么处于戒备状态的人呢？最初，这个受气包会感觉很沮丧，因为无论他想向外界投射什么——我很抱歉，我很困惑，我很害怕，我有很好的理由来解释我的所作所为，无知的责备者都会视而不见。于是，受到攻击的人通常处于一种克制又怒不可遏的状态。

突然在某个瞬间，责备者知道防御者的心情有多么悲伤、愤怒、害怕或孤独，并自发与其成为盟友。而防御者一旦觉得被责备者理解，两人统一战线时，他会卸下防备。紧接着，无言以对的愤怒和恐惧也会消散。从对责备者的"恐惧或厌恶"解脱出来，自发地充满感激，而且奇迹般地，这个人的无名怒火会消散，他开始怀着宽恕之心，甚至更愿意为解决问题而努力。

■ 运用时机

如果两个人针锋相对而非平心静气地交流，或至少有一个人宁愿唇枪舌剑也不愿认真聆听，此时，运用"移情沟通法"是一种有力的干预措施。一旦出现冲突失控，第一时间发挥同理心的作用。

下面是一个实例：

软件部门经理：此版本已定于下周发布，但我听说还有问题。

西蒙：确实有个问题。金给我安排的时间不够，她的目标明显不切实际，没人能够按时完成这项工作。

金（怒气冲冲）：西蒙要是按我说的本来能做完，可他偏偏多花了三天时间加上了一堆根本没人在意的花哨图形和铃声。我们要么上架这款带着一堆无用功能的产品，要么什么也别卖。别把这些乱七八糟的事怪到我头上！

软件部门经理：好的。在讨论这个版本的进展之前，我想先谈些别的事情。我知道你们俩都恪尽职守。你们俩人确实是我曾经合作过的最出色的人。不过我也知道你们俩个很难一起工作。因此，我想向你们每个人都问个问题，看看是否可以改善现在的情况，让你们更好地合作。

金和西蒙（均处于戒备状态）：没问题。

软件部门经理：金，先从你开始吧。我的问题是：如果我问西蒙与你合作最让他感觉沮丧的是什么，你觉得他会如何作答？

金（对此大为惊讶）：嗯……哦……我觉得他可能会说我不尊重他的能力。或者说，我喜欢设定截止期限，而不是打造最好的产品。

软件部门经理：那么，你这样会让他有什么想法？

金：他会生气。听我说，我知道他真的很想让这款产品成为市场上最好的产品，但他做不到。我明白，我确实理解，但公司不可能按照他的想法来运作。

软件部门经理：好的，谢谢。现在我想问西蒙同样的问题。西蒙，如果我问金与你合作最让她沮丧的是什么，她会说什么？

西蒙（听完金的话而卸下防备）：哦……嗯……好吧，我想她会说，高层管理人员希望她能按时完成任务，如果因为我花时间添加了管理层没有要求的东西，而导致我们无法按时完成，她会挨批。我明白这一点。对我来说，绝不应该发布不尽如人意的产品，但我也知道这是金的一个难题。

软件部门经理：那你这样做会让她感觉如何？

西蒙：金可能害怕自己被炒鱿鱼，或是因为我搞砸事情而生气。

软件部门经理：谢谢你诚实作答。现在，我知道此刻我们要集中精力尽快完成这个发布版本。所以我们先来制定个时间表，看看是否仍能赶在目标日期之前完成。但是你们两个愿不愿意不计前嫌，商量出一个对策，既能按照西蒙想法制造出最好的产品，又能满足金的目标需求？我相信你们两个可以做到。

如果你运用"移情沟通法"时，千万不要犯擅自发表自己观点这种错误，即使你的观点是积极的（比如，"我当然同意你对西蒙能力的看法"）。你的目的是让两个人敞开心扉，如果你横插一脚，反而是帮倒忙。因此，要引导两人，不要试图干涉。

另外，要知道你不是在解决当前摆在台面上的问题（例如，孩子违反宵禁，或是同事错过了最后期限等）。相反，你是把人们引导到可以解决问题的地方，然后一一突破。

正确运用这个方法，需要解决的问题就会越来越少，因为人们将心比心过后仍短兵相接的冲动会越来越少，想得更多的是双方回到正轨上。那是因为两人实际上至少已经彼此"相通"了一会儿，现在已经知晓了这种感觉。

■ 推己及人的力量

通常，你可以运用"移情沟通法"让对方了解自己的感受。例如，对一个经常让你的项目停滞不前的同事说："如果客户没能按承诺时间寄送支票，是不是让人沮丧？是不是得一边担心自己被诈骗，一边还得保持礼貌，不能冒犯到对方？"

如果同事回答"当然"，你继续问"你是不是会很生气，甚至害怕和对方一起做生意？"。

如果同事继续回答"是的"，你再漫不经心地说，"看来你知道项目被迫中断的感觉，你是想对别人也这样做吗？"。

你很可能得到的回答是"不，我当然不会"，那么你可以说："嗯，你知道，这就是我需要指望你完成项目时的感觉，我不确定你会不会掉链子。我不想伤害你，我非常尊重、喜欢你，但在我不确定是否可以依靠你时，我同样会感到沮丧和担心。"

这个人很可能会牢记这一课，而你短暂运用的"移情沟通法"会在未来为自己赢得更多的合作。

■ 推己及己

你是无知的责备者吗？其实，我们每个人或多或少在生活中都有这样的时刻。如果你经常在吵得不可开交时火冒三丈、尖酸刻薄，那就采取行动：唤醒自己的同理心。

以下是唤醒同理心的做法。

- 想想经常让您感到沮丧、愤怒、受伤或失望的人。可能是家人、同事或生活中的朋友。
- 想象一下，那个人正在做一件让你失望的事情。失望程度为 1～10，选定一种至少 8 分的行为。充分回想这幅画面，想想自己会有怎样的感觉。
- 现在，换位思考。想象一下，如果我问他对你最生气、最受伤或最沮丧的事情，他会如何作答。想象自己就是对方，说出他内心可能的想法，例如太挑剔、爱评判、总是逞强或控制欲太强。对自己在这段关系中的负面表现要诚实作答。

- 接下来想象一下，我继续问他你带来的失望或难过程度。再提醒一次，你现在就是对方，然后回答说："非常失望 / 难过。"

- 现在想象我问对方："你能描述这个人（你自己）所做的某些对你造成伤害的事情吗？"考虑一下你在这段关系中所做的任何不好行为，以及这些行为会对对方带去什么样的感觉，把自己想象成对方再次作答。

- 最后，再用同样的 1～10 分评估现在 TA 对自己失望的程度。

结果如何？通常，你在测试开始时感觉很生气，但是一旦换位思考之后，自己的愤怒会减少。我常让观众做这个测试，一开始的得分为 8 到 9 分，最后得分一般为 3 到 4 分。那是因为你不能在体验他人的感受同时，还生对方的气。因此，下一次和惹怒你的人吵架时，深吸一口气，找一个安静的地方，进行上面的测试练习。结果很可能自己会消除怒火，对方也会消气。

➡ 有用的洞察

大家无法在对他人好奇的同时仍针锋相对。

➡ 操作步骤

为了更加自然地运用同理心，差不多每天自己练习一下移情沟通法。例如，如果你不喜欢的同事正在与一个棘手客户通话时，观察一下情况然后问问自己："我如果是他，我现在会有什么感受？这段谈话会让我生气、沮丧还是不开心？"或者，如果你的老板比往常粗鲁无礼，问问自己："今天如果我处于她的位置去解决那些烦心事，我会感觉如何？"你越这样换位思考，与周围人相处你感觉到的压力和烦恼就越少，并且你与他们相处起来会更加如鱼得水。

第十五章　逆向游戏：轻松转换立场

成效：通过运用共情力，让一个有抵触情绪、懒怠松懈的人顺利
进入"愿意去做"的阶段。

谦逊是力量最有力的体现。
——托马斯·默顿，作家及天主教特拉普派修道士

文斯做事懒散。他是一名法律助理，明明胜任有余，但他总是偷工减料。他工作马虎，或是直接把项目推给别人。他的同事努力加班争取按时完成工作时，他却喜欢早退。

文斯的老板本来以为挖到了宝藏，结果却是招惹了一个麻烦，而且他的统筹兼顾能力总是令人失望。

有一天，文斯的老板叫他去办公室。文斯担心：难道公司高层注意到了他的偷工减料？他充满戒备，既害怕又生气。

文斯的老板泰瑞尔在门口等他，邀请他到里面坐坐，给他递了一杯咖啡。老板对文斯的复杂心情感觉非常惊讶。

泰瑞尔正是说了我教给他的话："非常抱歉。我认为我所做的事情一定让你非常沮丧，对此我深表歉意。我认为这些事情包括……"

半小时后，文斯回到了自己的办公桌。他比以前更加努力工作，而且心满意足。

短短30分钟，问题员工文斯像是打了鸡血般勤恳工作，泰瑞尔是怎么做到的？他采用的方法出人意料，我把这种方法叫作"逆向游戏"（因为与预期恰恰相反），这是第十四章"移情沟通法"的反转版本。

如果你要与有能力但又爱偷奸耍滑的人打交道，我强烈建议你用这招。操作方式如下。

- 首先，告诉对方你想开个10分钟的会。设定一个时间段，确保对方能全神贯注；如果对方想立即见面，礼貌地表示体谅："不用，你还在忙着别的事，这也不是什么生死攸关的大事。等你忙完了再说。"
- 考虑3种可能让对方感到失望或伤心的具体且合理的事情，为开会做好准备。例如：蒂娜认为我总是给她一些最无趣的项目。她可能很沮丧，因为我没有给她足够的预算来购买她想要的设备。她可能很生气，她可能是在给上一个人"擦屁股"处理烂摊子，有时我却会把这些问题归咎于她。你自己有多沮丧或失望都没关系；现在把自己的问题先放到一边，换位思考。

- 约定的时间到了后，对方会本以为你要批评或指责他。现在你反而开口表示："你可能在等着我长篇大论地抱怨，就像往常那样。但是，我刚刚在思考我可能让你失望的原因。你可能不敢告诉我这些事情，怕我因此大发雷霆。我觉得这些事情包括……"然后再列出你觉得让对方最失望的 3 件事。

- 最后表示，"我说的对吗？如果不对的话，最让你沮丧的是什么？"然后倾听对方的答案，稍作停顿再作询问："这些事对你造成的困扰有多大？"

- 听完答复（可能非常小心翼翼）后，再真诚地表示："我真的完全不知道……我知道过去我不以为意。太抱歉了，以后我会努力改进。"

- 然后闭嘴。如果对方问："还有别的事情吗？"真诚地回复："没有了，我只想说——我真的很感谢你的坦诚。"如果对方继续询问为什么进行这场谈话，再这样回复："我知道我有不对的地方，而且我知道人们可能会不敢据实相告。我还知道，如果我意识到了自己的错误，我可以加以改进，创造一个更好的工作环境。"

哪怕这是你最不想做的事情，你也要这么做，因为其他方法都不起作用时，这种方法最管用。放任对方懈怠，问题不会消失，还可能会变本加厉。如果站在对方的对立面，期望对方道歉、改过自新，你很可能会变友为敌，他会利用所有机会暗中与你作对。

然而，反其道而行之，自己先道歉会让对方措手不及，并且结果也会出人意料：对方会立即从防御模式转变，投射你的谦卑和关心。对自己的行为负责，并承诺未来也会主动纠正自己的错误，这也彰显了你的同理心、慷慨和大度，为自己赢得尊重。

因此，总是躲避你、对你视而不见或是与你针锋相对的人会发生很大转变。他会对你非常敬重敬佩，甚至开始担心会不会让你失望。通常，不用多久你就会发现对方态度和工作表现发生的转变。

你可以在家中对孩子、家人或朋友使用这种方法（对孩子尤其有效）。达娜的闺蜜莎伦曾让她一次次失望，她使用这种方法挽救了和闺蜜的友谊，让我们看看她是怎么做的。

莎伦（午餐迟到，已经非常戒备）：抱歉，我迟到了。你受不了的事情又多了一件。我知道你很生气，因为我没赶上你为乔举办的聚会，还忘了还你想穿的那件衣服……

达娜：没事，不用担心，聚会也不是什么要紧事。其实，我一直想向你道歉。我一直在考虑我们之间的友谊，而且我意识到最近我没有像以前尽到好朋友的本分。

莎伦：你说什么？

达娜：你听得没错，我敢肯定你也总是对我抱怨衣服这样的琐事感到厌烦。你比我上心的时候我都没有什么感激之言，而且我总对你的生活指手画脚你肯定也不喜欢。总说乔和我的事情，对你的关注也不够……

莎伦：啊！姐妹，没关系啊！虽然确实有些事情我会有点烦，但是人无完人。你能提到这一点，我已经很感谢你的理解。每次聚会你都要带乔一起来，有时我确实有点不舒服，毕竟我只想和闺蜜聊聊天。

达娜：太抱歉了，会让你非常受不了吗？

莎伦（笑）：有点啦，但肯定没有我总放你鸽子严重。对此我真的感到很抱歉，我想好好打扮一下，你知道我的自恋性格。我想尽力做到更好……我非常珍视我们的友谊，我要好好维护。

逆向游戏不仅可以让不听指挥的下属或朋友卸下防备、激励对方，你还可以使用这种方法挽救搞砸的关系。

在实习期间，我就利用这种方法挽回了一个和我关系最好的同仁。当时大家年轻又敏感，他的无心之举却深深伤害了我。结果，实习结束之后，我们就失去了联系，他也远赴他乡。

我们将近20年没有任何联系。后来有一天，我意识到自己大错特错，没必要一直耿耿于怀，看过那些斤斤计较的人越来越不快乐，甚至痛苦万分后，我发觉自己完全违背了宽以待人的承诺。

我心血来潮打给他，说道："弗兰克，我打这通电话是因为这些年我一直对你有所记恨，尽管我甚至都不记得是什么事了。我不认为你真的做错过什么，但因为我的反应过度，我们从那之后失去了联系。所以，我打电话是想知道你和家人过得如何，毕竟实习时我们是最好的朋友。"

弗兰克曾是实习期间表现最好、最乐观、最受欢迎和尊重的人，他还获得了最佳实习生奖。现在，他依然没有什么改变。他像多年老友一般轻松地回答："嗨，马克，很高兴接到你的电话。我从没想过我们之间会有什么裂痕，我只是觉得我们各奔东西，各自为生活操劳而已。"

几分钟的短暂寒暄过后，我们挂断了电话。谈论当时的感觉其实很愚蠢，我感觉自己就像是一位神经质的精神病学家（你可能在想，"大家不就都是这样吗？"）。

不过到这里故事并没有结束。我的电话还有我的道歉一定感动了弗兰克，两天后他打电话来问我："嘿，马克，这个周末你打算干什么？我和家人要去洛杉矶，如果你在附近的话，我想带着他们一起去看看你。"

我利用逆向游戏让我们二人冰释前嫌，你也可以利用这种方法对付另一个问题对象。逆向游戏可以让一个人从抗拒变成合作，但是使用这种方法时一定要确保选择了正确的目标对象。这种方法最适合那些"训练有素"的人，就是那些只需要一点刺激就可以驯化的人。而对第十一章中谈到的索取者或自恋者来说，这种方法无济于事，因为他们不会感同身受。

然而，如果自己不确定是继续还是放弃一段关系，则可以尝试使用逆向游戏测试一下。如果对方的反应是做出改进争取你的尊重，那么这段关系值得继续。对于那些依旧只会让自己失望并不知道将心比心的人，忍不住想要怒气冲冲反击时，千万要克制。反而只需要"再也不见"对方就行了。

➤ 有用的洞察

一句道歉泯恩仇。

➤ 操作步骤

想想有谁让自己失望，然后邀请他共进午餐或晚餐。在出发之前，请按 1 至 5 分对自己的失望程度进行评分（其中，5 表示"极度失望"）。见面之后，请使用逆向游戏为自己所做的任何可能惹恼、烦扰或冒犯对方的事情道歉。

一个月后，再评估对方的表现，再次对失望程度进行打分。若分数明显降低，说明你的方法奏效了。若分数没有变化甚至更高，就该考虑让他远离自己的生活，因为你可能正和一个自恋者打交道，自恋者将来只会给您带来各种麻烦。

第十六章 "你真的这样认为吗?"

成效:面对"抓狂"的人,通过减轻对方的愤怒或恐惧,使其从拒绝转为愿意倾听。

反应过度,其实就是发脾气。

——纪伯伦,诗人、哲学家

我的朋友斯科特·雷格伯格有个惯用的有趣小把戏。斯科特在洛杉矶的雷氏联合公司制作各种备受瞩目的电视台项目,从总统辩论到重大国家会议,不一而足。如果你曾经参加过这样的项目,你肯定知道这得需要巴顿将军(General Patton)那样所向披靡的胆量和统筹兼顾的组织能力。

但最重要的是,正如斯科特分享的那样,要想顺利完成大型活动(并且看起来毫不费力)的举办需要具备有效沟通的能力,并在迫在眉睫的最后期限到来时让大家保持镇定，包括上到客户、策划人员，下到设计师、平面设计师等在内的数百个人。

关于如何保证每个人在正确的方向各司其职，斯科特尤为擅长一件事，那就是安抚那些因琐事、简单问题却阵脚大乱的人们。（如果你曾经计划过婚宴或成人礼，那么你就会知道我说的是哪一类人。）斯科特的方法：如果一个人失控咆哮，一味抱怨问题可怕或类似天要塌了这样的说辞，斯科特只会平静答复："你真的这样认为吗？"

这个反问非常有效，因为一旦你镇定自若地问出这个问题，大多数夸大其词的人会打退堂鼓，重申自己的立场。通常，他们会变卦，反而会说，"嗯，我不是真的这样认为，但是我对事情感到非常沮丧。"然后你可以回答："我理解，但我需要知道真实情况怎样，如果情况属实，那么我们就面临一个严重的问题，需要努力解决。"到了这个时候，他们会退缩改变主意，决定权早已转移到你手上。

诀窍在于不要以敌对或有辱人格的方式提出这个问题（"你真的这样认为吗？"），而是要非常冷静、直截了当地提问。你的意图不是要激怒对方，而是要让对方冷静下来并意识到："我真的是小题大做。听起来我肯定就像个傻瓜。"

通常，你所需要的只是这一句话——"你真的这样认为吗？"再补充上一两个后续问题。例如：

你的伴侣：我真不敢相信我们又在为了钱争论不休。算了！我吵不过你，每次告诉你我为钱发愁时，你就只会出去买东西，说我太抠门！真要看到我们破产了你才满意吧！

你：你真的这样认为吗？每次你告诉我担心钱的问题时，我都会出去买东西并且说你抠门？看到我们破产我才满意？

你的伴侣：是的，这就是你表现出来的样子。好吧，你也不全是那样做的，但起码看起来就是这样。

你：我明白你的意思，但我真的想知道你是否认为我不在乎我们的财务状况，是否真的想让我们破产。因为如果是这样的话，我需要向你澄清一些严重的误解。

你的伴侣（现在不再那么敌对）：哎呀，我不是这个意思。好吧，我确实夸张了。只是每当我想和你谈谈我的担忧时，你总是不理不睬，所以我很失望。

你：无论什么时候？总是如此吗？

你的伴侣（笑着再次承认夸张了）：好吧，也并非总是如此，反正有很多次了，这确实让我很失望。

在这一点上，你们"针锋相对"的争论正在快速转变成彼此"聆听-反馈"的模式。

如果你的沟通对象是一个长期爱发牢骚的人，而且你处于上风位置，不必担心言语会危及自己的工作或人际关系的话，那么你可以尝试使用这种技巧的"衍生"版本。请看以下这个例子：

能力出色的汽车销售员比尔突然闯进了经理的办公室：我要怎么做才能拿到那份该死的采购订单？这里所有的浑蛋都不知道自己在干什么！他们都跟笨蛋一样，一点用处没有！

弗兰克（销售经理）：你真的这样认为吗？

比尔（措手不及，甚至不记得他在愤怒中说过的话）：认为什么？

弗兰克（语气沉着、坚定、平静）：你真的认为在这里工作的每个人都不知道自己在做什么吗？他们每个人都是笨蛋？没有一点用处？你是说在这里工作的人，没有一个知道自己在做什么吗？

比尔（夸大其词被抓包）：不是每个人都这样，但是当你需要什么东西时，确实很难完成。

弗兰克（继续他的询问）：不，我是认真的，比尔。如果在这里工作的每个人都不称职，那么我们面临着非常严重的问题，我需要你的帮助来解决这些问题。

比尔（微微平静）：不是这样，你知道，我只是气昏了。并不是每个人都不称职。

弗兰克：我知道你很生气，但我真的需要你帮助我来解决这个问题。你觉得我们什么时候可以开始着手？

比尔：不，真的不是，我太忙了，我很沮丧，现在我把心里话都说出来了。

弗兰克：我很高兴你感觉好些了。所以告诉我你需要我们解决什么问题，因为我真的不想让你变得如此沮丧。

比尔（开始冷静地提出帮助请求）：首先，我需要这个……

注意一下比尔让步的速度有多快。更重要的是，下次他想要发火时，他很可能会想起这次经历，这段记忆会强烈提醒他控制自己的脾气。

当然，每隔几年，对于这个问题，你会大感震惊听到有人会坚定地回答"是"。如果是这样的话，你要理解对方，沟通时听听对方到底要说些什么。一个敢于对这个问题说"是"并坚持这一答案的人，可能确实遇到了问题。如果你帮对方解决了这些问题，他们会变得更加快乐、效率更高。因此，无论你得到哪个答案（是或否），你都可以利用这个简单的问题解决一些大问题。

➤ **有用的洞察**

在你担心如何解决别人的问题之前，先弄清楚问题是否确实存在。

➤ 操作步骤

想想与自己打交道的人，谁经常夸大其词地表达自己，他的装腔作势是否让你疲惫不堪，每次见面你都会避之不及。

下次这个人开始大喊大叫时，让对方别再喋喋不休，停顿 5 秒后说："你真的这样认为吗？"观察对方的反应，如果问题确实存在，让对方说明问题的细节。

第十七章 "嗯"的力量

成效：让一个不安或愤怒的人冷静下来，让他从抗拒转变为倾听，再由倾听转变为考虑。

最难相处的顾客是学习的最好资源。

——微软董事长比尔·盖茨

假设你是一名销售人员，贵公司对最近收益下滑感到担忧，希望我对你和同事们进行培训，想办法提高你们的业绩。对此你并不开心，你甚至感觉气坏了，也不想再跟我兜圈子。午饭时间，你找到我说："我搞不懂为什么我需要学这些与人沟通的废话。为什么我不能按照之前所学完成工作？为什么我不能直接问顾客他们需要什么，打算花多少钱，然后告诉他们去哪里结账？我没时间，也没精力学这些心理学的东西。"

你觉得我一定会很生气，或者开始为自己辩护。因为你是在说我那些"心理学的东西"。但我没有。相反，我说，"嗯"，语气像是在说"再多说点"。于是你继续说道："我真的很讨厌为了卖东西要学这些，这跟我本职工作一点关系都没有。另外我也读过一些相关的书了。书上说的有道理，我试了一些方法，也确实管用。但一段时间过后，我就忘记了这些方法，所以效果并不持久。"

"是吗?!"我回答道。你感到惊讶，因为我像是在鼓励你继续说。于是你照做了。

"是啊，我觉得很受挫。我是说，可能这些对你来说再自然不过，但我是干销售的，工作压力已经够大了，要处理太多事情，我很难记得住半年前读过的一本书里的知识。"

"所以……"我表示理解，继续把话筒递给你。

你继续说道："所以……好吧，我知道我现在开始在抱怨了，我知道之前尝试的时候，这些方法确实管用。可能归根结底，我需要做个决定。我想如果我试了你的方法，发现它们管用，这一次我需要决定是不是要坚持，继续运用这些方法。那样就不用一直重复学习这些东西了。"

我说："你花了这么多时间，误打误撞地用这个方法，结果时好时坏，我能理解你为什么觉得沮丧，因为这一定很费劲。"

"是啊，但我知道这是我自己造成的。我讨厌自己听起来像个受害者，我应该全神贯注去学习，每天重复运用，直到成为习惯。"

我主动提出："有个方法可能管用，我也经常这样建议其他客户——21 天坚持做一件事，就能养成习惯，也更容易坚持，就像用牙线清洁牙齿。"你想了一下，点了点头。

"那你想怎么做呢？"我问你。你停下来，想了想自己的处境：暴跌的销量，争论不休的顾客，如果达不到销售指标就会付不起各种账单。你摆弄着盘里的沙拉，然后得出了结论："问题不在于我想做什么，而是我需要做什么。"我喝了口咖啡，接着问道："你怎么知道终于到了不得不做的时候呢？"你想了想，"时不再来，现在不做，以后也就没机会了。""好的。"我回答道。主菜还没上，我们就已经结成了要一起解决问题的盟友。刚刚发生了什么？一开始时你很生气、沮丧，戒备心重，你觉得事情只会往越来越坏的方向发展。每说完一件烦心事，你都会停下来，本能地等着我的说教，与你对峙，或是关注你事倍功半的结果。如果我做了以上任意一个举动，你可能都会固执己见地和我争论，哪怕你内心已经同意我的观点。

所以我反其道而行之。我没有让你闭嘴，反而是用"嗯……""真的吗""然后呢"等类似字眼鼓励你继续往下说。我每说一次，你就冷静一分。于是，谈话结束时，你不再试着告诉我为什么你会失败，而是努力让我相信你会成功。

如果对方正在气头上，处于戒备状态，坚信你是坏人，那么"嗯……"会是一个很好的沟通技巧。从解决人质危机到与不满的顾客协商，它适用于多个场景，因为这个方法可以迅速将潜在的争吵转化为合作对话。原因如下：

大多数人在面对愤怒或心烦意乱的人时都会好心办坏事。大家会说一些善意的话，比如"好吧，冷静下来"，或者会失控，自己也生起气来（"哦，是吗？你可能认为我的想法都是废话，但你错了，我可以证明这一点"），这两种方法通常都会带来灾难性的后果。激怒对方，你们就会陷入争论。礼貌地要求对方冷静下来，你就会发出居高临下、令人恼火的信息："我很清醒，而你是个不折不扣的疯子。"无论哪种情况，对方的反应都会是抗拒。

相反，"嗯……"是一个强有力的减速器。当你使用这种方法时，你并不是想要让某人闭嘴；相反，你是在告诉对方："你对我很重要，你的问题也很重要。"说到这里，让我们回顾一下镜像神经元的内容。人们发起攻击通常是因为感觉自己没有受到正确对待（不管是事实还是错觉），如果你面对的是愤怒或沮丧的顾客，更是如此。通常这类人会在生活中多处受挫，但把他们的"怒火"一直积攒着，直到他们觉得不会因此被解雇、离婚或逮捕时，才会发泄出来，比如踢小狗一脚或对你大喊大叫。

防守或反击只会更让你觉得这些人是错的、不重要（且愚蠢），这会放大他们的镜像神经元受体缺陷，并助长他们的怒火。如果你不按常理出牌，反而鼓励他们说话，结果也会相反：你投射了尊重和兴趣，他们会觉得有必要投射同样的信息给你。

"嗯……"就是我所说的"感情助推剂"。它会让对方明白，他们所说的话很重要，值得倾听，付诸行动。你也会注意到，它并不需要你做出什么承诺。唯一的目的在于让对方冷静，直到你可以指出到真正的问题，想出一个切实的解决方法。

出于这些原因，如果你正在应付一个崩溃的顾客或客户，我推荐"嗯……"作为第一道防线。示例如下：

顾客（充满火药味）：你们公司上次卖给我一件垃圾！你们的产品糟透了，服务更是差劲，你们真是黑心无比。

你（充满鼓励的声音，似乎想要听对方多说点）：嗯……

顾客（愤怒）：你"嗯"是什么意思？！

你（坚定而又冷静）：我只是在想我们应该尽快解决，或采取措施，否则情况只会变得更糟，这一点非常重要。我不希望事情越来越糟，你同意吗？

顾客（退一步，冷静下来）：哦，嗯，好吧，是的。如果你真的能帮我，真叫我吃惊。你都不知道你们公司给我带来了多大的麻烦。

你（邀请）：请具体一点。

顾客：真的吗？你今天闲着吗？好吧，这可是你说的。首先，上次你们寄给我的GPS（全球定位系统）根本没法用。我把它送回去修理的时候，你们还是寄回了一个破烂不堪的返修机。

你：我明白你为什么生气了。还有其他问题要告诉我吗？

顾客（态度缓和下来）：好吧……嗯……大部分都是小事。我投诉后，他们确实把那个破烂换成了更好的。但现在我帮我老婆也买了一个，还是坏的。我发了封邮件，提出这个问题，但一直没收到回复。

你：我们会确保尽快处理好这个问题。我认为这可能与我们已经纠正的软件故障有关，你可以下载补丁来修复它。如果还是不行，你可以给我打电话，这样我们会为你寻找别的解决方案。在此之前，还有什么要跟我们说的吗？

顾客：嗯……我就是对你们公司的客户服务不太满意。嗯，除了现在。也许情况正在好转。嘿，我很抱歉对你大喊大叫，我知道这也不是你的问题。

你：没关系。我能理解你所经历的一切。现在我们来看看你的新系统出了什么问题……

再读一遍这段对话，你会发现一个有趣的细节。起初，你的客户矛头对准了你：你的产品很差劲，你的服务一团糟，你是个骗子。你太差劲了。但几分钟后，情况开始发生微妙的变化。你的客户开始对"他们"或"你的公司"感到愤怒。为什么？因为客户现在觉得你们是同一战线，他不想伤害你。一旦这种转变发生，你就可以不再躲避掩护，着手共同处理问题。

"嗯……"可以如此迅速地化敌为友，你也可能会发现它在你的生活中非常有效——特别是碰到那些火药桶时，一个错误的用词可能会引发一场大战。不过有一点需要注意：相比陌生人，你更有可能对伴侣或孩子的愤怒做出发自内心的反应，所以在开口之前要三思。一旦你完成了我在第三章中描述的"哦，见鬼"到"行，没问题"的速成法训练，并且确信已经控制住了自己，你就可以试着这样做。

你的伴侣：我简直不敢相信，真的。你好不容易答应我们周末出去玩玩，现在又食言了。真是你的作风。

你：嗯……

你的伴侣：嗯？你什么意思？

你：我想说我知道这次旅行对你有多重要，我也真的很抱歉这个项目超时了，我走不开。

你的伴侣：你每次都这么说。总有这种生死攸关的时刻，真是烦死了。

你：所以……

你的伴侣：所以我希望你找一份压力没那么大的工作。或者如果你明知道你会食言，那就别许诺了。或者……我不知道。我只希望不要总是发生这种事。我知道你也是这么想的。你现在被这份工作困住了，你也不开心。对不起，但我现在真的太生气了。抱歉冲你发火了。

同样，这次你也会注意到，你的目标不是解决你面临的具体问题（尽管有时候是），而是避免针锋相对，平心静气地实现双方真正的交流。交流过后，你们会成为盟友，一起处理问题，而非互相攻击，互相伤害。

迅速平息聊天中的火药味，不仅仅只有"嗯?"这个词，还有"真的吗""所以……""具体点""然后发生了什么"和"你还能告诉我什么"，在这些词句中，"嗯……"是我最喜欢的开场白，因为它会让人们卸下防备，进而成功阻止崩溃。让一个人从敌对转为些许困惑，你已经朝着正确的方向迈出了一步。不过，选择哪个具体的词并不重要。关键在于如何使用它们：不要争论、辩解或找借口，而是说："你很重要。你的问题也很重要。我在倾听。"传达这一信息，那么不管问题是什么，已经迈入解决的正轨了。

➤ 有用的洞察

不要辩解；往深了聊。

➤ 操作步骤

还是怀疑"嗯……"这个技巧？没事。这一次，我换个角度，我亲自上阵，想象与你再进行一次对话。事情可能是这样发展的：

你："这听起来像是一堆心理学的废话。你为什么不给我一些我能用的东西呢？"

我："嗯……"

你："别再对我说'嗯'了！"

我："你听起来很生气，或者只是很沮丧？"

你："我很沮丧。我必须与一些人沟通，却一直在碰壁，压力越来越大。"

我："真的吗……"

你："如果我不能和这些潜在客户沟通，我的销售量就会不达标。"

我："多说些吧。"

你："在这种疯狂的经济形势下，我们公司的每个人都压力很大，必须得提高销售额，否则只能等着被裁员。"

我："所以你担心你也会被炒鱿鱼。"

你："是的，我越来越焦虑，这让我对每个人和每件事都感到不耐烦，包括读这本书。"

我："你有多害怕？"

你（哽咽）："真的很害怕。"

我（停下来，让你呼一口气）："所以，即使你曾经很害怕，而且恢复过来了，你还是担心如果你被解雇了，这一次你可能缓不过来。"

你："有点，但我总是能振作起来。事实上，我在想，如果我做得好，我会保住这份工作；但如果我做得不好，我会像往常一样找到另一份工作，也许在另一家公司不会经历这样的难关。我可是一个很棒的推销员。"

我："所以不是你的问题，而是你的公司。推销客户不需要或不想要的东西很难，但如果是推销人们想要的东西，你就做得不错。"

你："不是不错，是很好！"

我："所以呢？"

你："所以我也没什么好担心的了。如果我尽了最大努力，但没有成功，那就不是——我的错了，是我的公司不好，我可以去别的地方。"

我："嗯……"

你（笑了）："你又开始'嗯'了。"

我："也许这对你很管用。"

你（放松下来）："可能我要重新读读这一章了。"

第十八章　先自揭短处

> 成效：通过客观陈述自己的弱点，让一个人从"思考"转变为
> "愿意做"。

> 若你不据实相告，世人只会想象最坏的情况。
> ——马库斯·瓦列里乌斯·马提亚尔，古罗马帝国诗人

熟悉法庭程序的朋友就知道律师常会做"约定"，这意味着他们在某些事情上预先达成了一致。

举个例子，如果律师明确指出张三的指纹出现在杀害他岳母的手枪上，那么每个人都会接受这一事实。另一位律师不需要召集专家来证明这一点，张三的律师则进入下一步骤：证明开枪是正当的。

为什么约定是一种聪明的策略呢？因为如果人们早知道（或

者很快就会发现）你要坦白的问题，最好的办法就是把它解决掉。你甚至可以将这个问题转化为有利的条件。

我们常常大费周章隐藏自己的弱点，即使我们遇到的人早已心知肚明。结果就是：我们会让对方感到不舒服，因为他们不得不主动忽略这个问题，时刻注意避免谈及。如果我们让他人感到不舒服，他们的镜像神经元将无法建立起情感联系，因为他们在主动回避这种联系。他们的大脑不会发出"向这个人伸出援手"这样的信号，而是会提醒"小心。别相信这家伙。如果他隐瞒了这点，他很可能还隐瞒了别的事情"。

解决办法？如果两人之间明显横着一个更大的问题，不妨做好约定。

比如，我最近收到一位年轻人的来信，他读了我在《洛杉矶时报》（*Los Angeles Times*）上的专栏文章。他在信中写道："我26岁了，有严重的口吃问题。最糟糕的是，我不知道什么时候会犯。这种未知性使得我倍感压力，更容易发生口吃。"他能力十足，却找不到工作，他知道这是因为口吃（以及人们善意地假装没有注意到这一点）会让面试官非常不舒服。尽管《美国残疾人法案》有所规定，但面试官总能找到各种借口拒绝求职者，这位年轻人正是遭遇了这样的不公对待。

我建议他尝试一种方法，这个方法对乔（我的一位病人）很有效。乔曾面临同样的处境：他一次又一次地去面试，但由于口吃，一直没有被录用。

我没有告诉乔"别紧张，尽量避免口吃"——这些都是没用的屁话。相反，我告诉他在每次面试开始时都要这样说："我有口吃的问题，这还不算，我不知道什么时候会突然口吃。我一出现口吃，人们常会猝不及防，感到不满，或手足无措，开始走神。如果谈话时我突然结结巴巴，最好的办法就是忍受一下，幸运的话，它来得快去得也快。不然的话，只能尽力而为了。对此给您带来的不便，我提前表示歉意。"

乔开门见山先说出自己的口吃问题，让对方先有准备，而且乔也感觉更冷静，更能控制自己。不仅如此，他的这一举动提前考虑到了他人的不适，提出了有用的建议，还赢得了其他人的欣赏和尊重。

几年后，乔的口吃几乎消失了，他告诉我："我仍然会告诉人们我过去经常口吃，告诉他们如果发生的话该怎么办，因为一旦我再次口吃，这是快速赢得他人尊重，让他们为我加油呐喊的最有效方法之一。"约定也可以帮助你消除其他问题。作为一名商业领域的精神病学家，一旦观众发现我的职业，我就要准备好迎接一场硬仗。每当他们听到我是以什么谋生时，我可以看到许多人翻白眼，神色满是怀疑。

针对这一情况，我参照乔的例子给自己设计了演讲稿。我的开场白是："我是一名精神病学家，没有 MBA 学位，也没有接受过正规的商业培训。我知道我的职业会招致很多怀疑或诋毁，但我确实取得了一些成绩。我曾帮助成年子女决定给病危的父母注射吗啡，让分房睡多年的夫妻重温花前月下的美好，曾说服针锋相对的伴侣相互倾听对方心声，帮助律师和撕破脸的客户重归于好，还曾阻止某位创始人因对冲基金破产而试图愚蠢地结束自己的生命……所以我的确知道如何与人沟通。我想，与人沟通应该是你们每天都需要做的事情。"

光是为了让人们继续倾听就如此大费口舌，但这很奏效。两分钟内，我让一群充满敌意或是持怀疑态度的观众开始全神贯注听我讲话，他们在想："嘿，这家伙可能有点东西值得一听。"

这个方法同样适用于你，只要你掌握了要点，它同样可以助你一臂之力。这里有三个关键点：开场（快速而有效地描述问题）、消除问题（解释处理问题的方法，或为什么它不算什么问题），以及转场（转到下一个话题——不要逗留或讨论过多细节）。请看下面这个例子。

面试官：那说说你的教育背景和工作经历吧。

软件开发人员：嗯，我猜我会是候选人里唯一一个没有获得学位的人。那是因为我或多或少天生就是吃这行饭的——9岁时，我写了第一个软件程序，我的父母都是程序员，所以我觉得自己生来就是电脑迷。我在16岁时就得到了第一份工作，一个邻居发现我会设计数据库，当场聘用了我。虽然他已经退休了，但我认为他仍可以作为一名推荐人，他的公司至今还在使用我的代码。

面试官：哇。

你：我还有一份其他客户的名单，他们会很乐意和你谈谈我的表现……

如果你要提出一个潜在的问题或缺陷，不妨表现得泰然自若、大方自信。你越放松，与你交流的人也就会越放松，你们都会更专注于沟通传递的信息。

约定需要勇气，但回报非常可观。借助这个办法，你可以把缺陷转化为宝贵的财富，人们会将你视为真实的人，而不会只看到你的问题。更重要的是，你可能会惊讶地发现，水能覆舟，亦能载舟。

■ 翻身仗

几年前，我给一众律师、保险经纪人和金融顾问做了一次鼓舞人心的演讲。我以为演讲效果很好，后来才惊讶地发现，我的听众并不喜欢它。事实上，他们觉得很烂。

更糟糕的是，我本来计划向更具挑战性的会计师听众做同样的演讲，在演讲前两天，我才得知这一令人沮丧的事实。我开始惊慌失措，但很快整理好心情，并分析了当时的情况。我意识到我的演讲稿没有什么问题，问题出在环境上。我的观众已经准备好接受千篇一律的演讲，而我要求他们在思想上做出莫大的转变。

所以我在演讲的开始，对第二批听众说："准备这个演讲时发生了一件有趣的事情。此前我对另一群更容易接受的观众进行了同样的演讲，但几天前我了解到，他们对此评价很低。"（这招来了一些惊讶或紧张的窃笑，但也引起了他们的好奇心，促使他们接着听。）我接着说道："我意识到问题不在讲稿，而是出在环境上。所以我想做出些改变，这样你们就不会对我这次演讲大失所望，而是可以有所收获。"

为了改变他们的思维，不把我的演讲与听了一上午的沟通技巧指导混为一谈，我请他们思考一些改变人生的时刻。比如，我让他们想象一下，2001 年 9 月 11 日之后的一个周末，他们在自己的礼拜堂里，需要听到一些让自己平静和安心的话，因为他们知道生活已经发生了天翻地覆的改变；或者想象一下，他们深爱的孩子患有学习障碍，你曾以为他高中也读不下去，但他刚刚顺利从大学毕业。

我能感觉到他们的想法从"我应该关注哪些新税法？"转向"我生命中真正重要的是什么？"。再次环顾这个房间时，我看到成百上千的人开始全神贯注，对我接下来的演讲满怀期待。

几天后，会议策划人给我发了一封电子邮件，告诉我，我的演讲效果是目前为止最好的。她说，有几个人告诉她，这是他们听过的最棒的演讲。通过向听众自揭其短，我创造了一种共鸣，让他们理解和重视我的信息。通过反思错误并修正，我学到了一些关键技能，这些技能让我成为一名更好、更自信的演讲者。

➡ **有用的洞察**

镇定自若地当众说明人们对你的疑虑顾忌，这样他们就更有可能给予你积极的、全神贯注的反馈。

➡ **操作步骤**

如果你知道你的某个问题让别人感到不舒服，练习一下如何描述该问题，以及其他人应该如何应对。在镜子前排练，直到你确信可以在公共场合自然阐述为止。

第十九章　从交易到交流

成效：通过将冷冰冰的关系转变为私人关系，让对方从思考转变为"愿意做"。

他们看不见天空。

——在曼哈顿散步的非洲土著

　　我的女儿正在准备一场面试，面试官是华尔街金融公司的资深高管，她问我："我该问什么问题才能脱颖而出？"一个半小时后，我在会议中途收到了她发来的消息，她兴奋地表示："爸爸，我按照你的建议问了他那个问题，他的反应果然如你所料，先是抬头看了一会儿天花板，然后跟我说，'这是一个很好的问题，我没有答案，我应该思考一下再回答你。'在这之后，他真的和我建立了联系。"

以下是我女儿为了引起这位面试官兴趣所说的话。当面试官问她是否有疑问时，她回答道：

"我想让您想象一下，现在是一年之后，您和您的老板正在评估今年聘用的人。谈到这个职位时，他们会说：'再给我们找10个这样的员工。我们很久没遇到这么好的员工了。'您能告诉我那个人为公司做了什么才能得到如此热烈的好评吗？"

我知道这个问题会奏效。我还告诉了她如何判断这个问题是否问对了：看着面试官的眼睛。在他抬头看向别处的那一刻，她会知道自己已经让他从交易变为交流。

■ 协商 VS. 共情

如今，我们很少共情，交谈只是为了交易。无论情侣，还是已婚夫妇，从晚餐、度假到性爱，一切事情都要协商。关于上学和做作业，家长们和孩子们要协商。除了强制要求，经理们也要与员工协商。每个人都在问"你会为我做什么？"以及"作为回报，我需要做些什么呢？"。

如果你是要交换信息或谈判合同，交易无伤大雅，但它有一个致命的缺陷：无法让人敞开心扉。交易型沟通就像你在与ATM（自动取款机）打交道。钱从银行账户取出，再到自己手中，过程绝对公平。但是交易结束，你不会想要表示"谢谢！"。

交易型沟通不会创造牵引力，因为它们缺乏人情味，流于表面。这种交流不一定会把人赶走——我女儿本可以问不会让面试官思绪万千的问题，"这份工作对健康有什么保障？"——但这种问题也不会拉近人们的距离。就像 ATM 交易一样，生活不会有什么波澜，况且这些问题"都以自己为中心"，而非"以他人或公司为中心"。

要想生活有些波澜，你需要超越交易，引发共情。如何做到呢？通过提问让对方告诉你："这就是我的想法""这就是我""这就是我的目标"，或"这样你就可以让我的生活变得更美好"。

例如，几年前，我意识到我遇到的大多数首席执行官和经理们不仅聪明，而且十分睿智——但他们少有机会分享自己的智慧。他们专注于公司经营的日常琐事，以至于自己很少有机会深入和创造性地思考，发挥他们无与伦比的才智。这带来了挫败感，即便是潜意识之中。

我向这些人提问，帮助他们敞开心扉、各抒己见时，目睹了一个奇特现象：对于忙碌的专业人士来说，时间就是生命，他们却愿意花更多时间和我在一起。他们委托助手处理所有来电，然后将这些宝贵时间全数托付给我，从拐角的办公室一直送我到公司门口，以便可以有更多时间和我交流，或者干脆对我说："太可惜呢！马克，下次见面要是没多少时间了一定提醒我，这样我们可以安排更多时间或者一起吃饭。"

我可以收到这样反馈的原因很简单：就如第二章中谈到的那

样，我弥补了对方的镜像神经元受体缺陷。这些人努力工作，尽其所能，他们希望全世界承认自己的才智、价值和创造力。然而，他们通常听不到对自己想法和才华的认可和赞赏，而是听到"董事会不想看到这些数字""成本分析在哪里？"或"你们部门的月度报告交晚了"，这些话让他们觉得只是车轮上的一颗小齿轮。

他们深深吸引着我，并且我只用一个简单的问题就能让他们知道自己的魅力，并不仅仅是一颗齿轮。所以，他们总会积极反馈，甚至立即接受我的建议。

例如，前段时间，我和一家软件公司的高级副总裁比尔见了一面。我们详细讨论了会面的原因，表面上是为了处理他公司的人事问题。比尔显然是一个聪明有趣的家伙，坚定地开启谈判模式：您什么时候有空？您需要多长时间？这要花多少钱？

大约一个半小时后，我对比尔说："为了更好判断我是否能帮助您，以及该如何提供帮助，请告诉我您的公司，特别是您的部门正在努力实现的关键重点目标，还有公司选择这个目标的原因。"

比尔稍作停顿，抬头看了一会天花板，然后回答："这是一个很好的问题，我需要再考虑一下。"

当时，我可以感觉到我们的关系变得更加亲近。从某种意义上说，比尔知道了"退一步海阔天空"。他不再执迷于讨价还价、步步为营、斤斤计较的小圈子，而是思考公司和自己的未来大局。让对方有了缓和的余地，我和他便建立了一种联系，当我们再次四目相对时，进行的对话不再是谈判，而是交流。

构思一个变革型问题很简单，问问自己："哪个问题能表现出我对这个人的想法、爱好、未来的成功或生活充满兴趣？"然后就用这个问题提问。例子如下：

- "如果您可以改变公司的一个发展方向，那么你会改变什么？"
- "如果我能做一件事帮助您更快地实现自己的目标，那会是什么？"
- "您最引以为豪的事情是什么？"

要了解为什么这样的问题比交易型问题作用更强大，让我们来看两种不同的场景，主角都是入职第一天的诺米和她的老板。

场景一：

老板：你好，诺米，进展如何？

诺米：我很好，谢谢老板！非常感谢您派来的助理，给予了我很大帮助。第一天总是会手忙脚乱，不过我掌握了不少东西。

老板：太好了。如果还有任何问题，直接联系我的助理就好。

诺米：好的，谢谢您。对了，您知道哪里有订书机吗？

老板：当然，你可以去看看后勤室有没有。顺便问一下，你可以在今晚之前给我约翰逊的档案吗？

这段对话没有任何问题，但诺米没有给她的老板留下任何印象。如果老板之后回想起诺米，只会记得订书机。

现在，想象一下下面这段对话诺米给对方留下的印象。

老板：你好，诺米，进展如何？

诺米：我很好，谢谢老板。非常感谢您派来的助理，给予了我很大帮助。对了，我想请教您两个问题可以吗？

老板：当然可以，你问吧。

诺米：为了确保我尽快步入正轨，在您看来，三大必做之事是什么？永远都不要做的三件事又是什么呢？

老板：嗯……（抬头思考）问题很有趣。我可能必须好好考虑一下，才能回复你。不过眼下我能想到的是，永远不要试图掩盖问题，只管坦白告诉我，这样我不至于蒙在鼓里。而且（笑）保证要让我接到我妻子的电话，即使我忙着在接其他电话。不然，回家还是会被她唠叨的。对了，你知道里奥吧？他会和你一起处理布拉德利的账目，我知道你们千禧一代总会觉得上一辈人不中用了，但里奥是我们团队中最优秀的成员，要多注意向他学习。

在第二种场景下，诺米询问的问题很简单，起码比"您怎样规划自己的人生""您希望公司如何发展"这类的问题简单得多。但是，那些问题的效果一致，两者的对话不再局限于交易模式（我的订书机在哪里？/你能替我拿个文件吗?)，并让对话到达更高的层面（对您来说什么最重要？我可以如何提供帮助?)。

听了诺米的问题后，老板会停下来思考。两人再次四目相对时，老板也会用新的目光看待诺米。也就是从那时起，诺米会成为一名并肩战斗的同事，而不仅仅是需要订书机的某个员工。

■ 对于销售人员的启发

我经常与礼来公司（Eli Lilly）、阿斯利康（Astra Zenica）、百时美施贵宝公司（Bristol Myers Squibb）等制药公司的销售、营销团队打交道，同时我也乐于以临床精神病学家身份给予药物销售代表帮助。我还开着一个小小的临床精神病诊所，就是为了得到免费的样品（哈哈这只是个玩笑！放轻松）。

我告诉这些人如何与我进行有效交流，他们也成功地使用此方法与其他医生进行沟通。首先，我解释道，如今大多数医生工作更努力，赚得还和十年前一样多，而那些不用苦读这么多年的人收入却更高，经济保障更好。

我还告诉他们，大多数医生认为自己得照顾每个人——家人、年迈的父母、前台工作人员，但是却没人来关心自己。（这是严重的镜像神经元受体缺陷！）实际上，许多人也会说，对于医生而言，表现关心他们的最好方式就是不要再加重他们的负担。

此外，医生这份职业几乎完全就是交易："请告诉我您的症状，让我检查一下您的体征，看一下您的检查报告，然后我会拿出诊断结果和治疗方案……下一个？"

因此，如果一名销售代表想要另辟蹊径，给医生留下深刻印象，我会让他在展示完产品后对医生说："打扰一下，×医生，我能耽误您几分钟时间，问您一个不寻常的问题吗？"

大多数医生会非常恼火，以为销售代表想向他们寻求免费的医疗建议，但是出于礼貌，他们通常会回答："你问吧。"

然后，我告诉销售代表要这样说："我听不少医生说，现在医生这份工作没以前那么有趣了，你们总是加班，工作必须更卖力才能跟上形势。现在工作这么辛苦，我想问问您还会觉得当医生有趣吗？"

销售代表反馈给我，大多数医生对于这个问题完全措手不及，但会放下戒备，仔细考虑过后回应道："你也知道，当医生越来越难了。我也不确定还会不会让自己的孩子继续学医，但我个人认为医生这份职业还是挺有趣的。几乎每天，我都能改善患者的生活，每当看到病人的痛苦得到缓解时，我仍然感觉非常振奋。"

有时，医生甚至会表示感谢，这样也会让医生对该销售代表的印象非常深刻。如果销售代表的药物质量和竞争对手不相上下，医生通常会倾向选择问出这样问题的销售代表。

因此，如果你是制药公司的销售代表，那就遵循这个公式：关怀对方＝更多处方药，更高的投资回报率（这是投入更多时间的回报）。

■ 什么问题会让你抬头思考

"抬头思考"技巧最棒的地方在于，你可以使用这个技巧和最难沟通的人进行交流，也就是你自己。你是否曾想过自己有多少内心独白是关于事务交易的？如果你和大多数人一样，那么你往往会有这样的内心独白：如果我吃了甜甜圈，我得花更多时间健身。哎呀，我来晚了，莎莉会生我的气。万幸，她上次也迟到了，所以可能还好。该死，我还没报完税呢。我得熬夜了。我应该多花些时间陪陪孩子……

下次孜孜不倦考虑事务时，不妨换种方式。停下手头的事情，坐下来，深呼吸。然后对自己说："明年这个时候我会想做些什么呢？""我现在的生活或多或少需要些什么？"或"如果 20年后孩子们再看我，什么会让他们以我为荣呢？"。

对自己提出正确的问题，你会发现自己的眼睛开始往上看——这是一个清晰的信号，表明你正敞开内心，迈向新的可能性。回答自己的问题（"我想花更多的时间陪伴家人""我不要在毫无意义的会议上浪费太多时间""我希望以后孩子们可以为我抓住机遇而深感自豪"，而不是待在舒适区不思进取），你会与生命中最重要的那个人加深关系，也就是镜中的自己。

➤ 有用的洞察

让人们抬头思索你的问题，当他们转回目光再和你交流时，对话会变得不同以往……而且会往更好的方向发展。

➤ 操作步骤

下次你与伙伴或家人陷入交易型对话时（例如，争论谁去洗衣服或倒垃圾），停下来，然后微笑着说："有什么好玩的或重要的事情你认为我们应该在 5 年内完成？"对话瞬间就能从"轮到你洗碗"转变成规划新的美好生活。

第二十章　肩并肩沟通

成效：降低对方的心理防备，使其从拒绝变为愿意倾听。

传教不是开会。

——特蕾莎修女

　　周末，威尔开车带 15 岁的儿子埃文去体育用品商店。埃文想要组建射箭队，所以威尔带着他去买些新箭头。

　　这个年龄段的孩子大都沉默寡言，埃文也不例外，一路上他不怎么说话，腿跟着 iPod 播放的音乐不时抖动。威尔一边开车，一边闲谈着家里和工作中的事情。威尔为即将到来的家庭假期抛出了一些想法，大声提出回到家后可以烤些牛排，然后聊到了他的一个同事，这个同事总是给每个人带来麻烦。

威尔说，这个家伙一直以来都是个讨厌鬼，每个人都知道他最终肯定要搞砸事情。然后威尔不经意地问了一句："告诉爸爸，你觉得你的哪位朋友有一天会遇上大麻烦？"

"哈？"埃文惊讶地回答。他对爸爸的提问并不热情，但显然这个问题比平时的那些唠叨（比如"你西班牙语的成绩提高了吗？"或"我们得聊聊你那头橘色头发"）要有意思。"你没听错，"威尔继续说，"我只是想知道你哪个朋友平时最有可能遇到大麻烦，更重要的是，为什么你觉得会是他？"

爸爸只是征询埃文的意见，这让他完全措手不及，于是埃文仔细思索了这个问题。然后，他意外地非常配合说道："我觉得是杰克，因为他一旦上榜，就没人能比得上他，他已经搞砸好几次了。"

"真的吗？"威尔回答道，他克制住了，没有再提建议或发表看法，而是让对话继续进行。

"真的，他已经被禁足好几次了。我觉得他和他的父母相处得也不怎么样。"埃文继续说道。

"嗯，如果能验证你的猜测一定挺有趣。我还想问问，要是他摊上麻烦了，你会怎么做呢？"威尔补充问道。

"啊，我也不知道，"然后埃文考虑了几分钟，"我觉得既然我们是朋友，我会设法帮助他摆脱困境，可能会试着阻止他再犯同样的错误吧。""有你这样的朋友是他的幸运。"威尔说道。"嗯，我也觉得我在这方面做得还不错。"埃文最后说道。

所以……这段对话的用意何在呢？

通过使用这种"肩并肩"的沟通技巧，威尔让自己的儿子打开了心扉。背后的三个原理如下：

- 让人们坐着听大道理一般不管用，因为这样会让他们充满戒备。一旦这种情况出现，他们就会对你有所隐瞒。而肩并肩地开展合作型对话可以降低他们的戒备，让他们敞开心扉。正因如此，人质谈判代表会试图促使劫持者许诺共同参与一件事情，比如允许食物或医疗物资运进大楼。同样地，间谍在床上灌醉政客也不如在大家合伙盖谷仓或缝被子时能打听出更多秘密。

- 提问比讲道理有用。所以，威尔没有告诉埃文："离你的问题朋友远一点，小心被他连累。"他反而问了一些会引发埃文思考的问题："谁可能会遇到麻烦？如果发生麻烦你会怎么做？"换句话说，威尔的姿态不是高高在上，也不是咄咄逼人，无论是生理还是心理上，两人都在肩并肩地进行交流。

- 如果你可以利用一个个提示让对话层层递进，不被打断，那么你会了解到更多。因此，与其使用"哄骗"诱使埃文进入说教的圈套（"好吧，你最好别和杰克玩了，否则你可能也会惹上麻烦"），威尔使用提示性字眼（"真的吗"）以及紧接着抛出第二个问题，使得对话进一步深入，埃文也分享了更多想法。

肩并肩沟通的几个要素（在对方有分享欲的时候提问，再通过提出更多问题加深对话）与对话的效果一样强大，这也正是苏格拉底方法（Socratic Method）的核心。苏格拉底从来不说教，他总是和人们在镇上一边闲逛，一边提出问题，让大家自己找出答案。在这个过程中，苏格拉底推动创造了西方文明。

不过，这种技巧不仅适用于父母或哲学家，这也是 MBWA（managing by walking around，走动式管理）行之有效的基础，MBWA 已经风靡十几年，切实保证了管理成功。MBWA 有助于实现两个目标：发掘自己领域的实际情况，并在过程中与同事建立联系。

肩并肩的使用方法很简单：邀请对方一起参加一项活动（最好在活动中你可以为其提供帮助，哪怕只是共进午餐也是一个不错的选择），然后向对方提问，注意问的问题应指向对方在做什么、思考什么、感觉如何。例子如下：

格雷厄姆（注意到下属维多利亚正在为客户会议准备

材料）：天啊，你要整理这么多材料，把那些文件夹递给我吧——我现在有空，我很乐意帮忙。

维多利亚：那太好了。太感谢了。

格雷厄姆（整理了几分钟后）：你对我们提供给客户的这份材料有什么看法吗？

维多利亚：我还没来得及仔细考虑。既然现在您提到了，看来还有不少事情得做。

格雷厄姆：你觉得实用性如何？

维多利亚：客户打电话沟通时，只想知道新系统是否容易上手，培训是否快速有效。我想他们并没有兴趣了解关于这项新技术的所有复杂信息。他们应该只想知道多快可以投入使用。

格雷厄姆：你还从客户那里得到了什么信息？

维多利亚：我知道有时候客户会认为我们的文件有些复杂。也许我们应该考虑简化文件……

肩并肩技巧简单易学好上手，但有三点需注意。首先，如果你让人们放低了警惕，那么不要破坏他们对你的信任。不要利用这种技巧寻找负面信息，否则人们会觉得你想监视或陷害他们，而非真心请教。宽容地接受负面信息，但不要主动套话。

另外，不要和交谈对象争论。如果你们观点产生分歧，克制住辩解的冲动。相反，再问一个别的问题来加深对话。下面是一个例子：

苏（米格尔的经理）：看来新的公司新闻通讯快写好了。哇，看起来写的不错，非常好。需要我帮你审校一下吗？

米格尔：太好了。很高兴您能认可。但我还不太满意，我觉得介绍重心不应该放在新的行政大楼上。

苏：你不喜欢的地方是哪方面？

米格尔：看起来很无聊。除了老板，没人会在乎。但他一意孤行。

苏：你希望在下一期中看到什么内容？

米格尔：不仅有老板的关注点，还要有员工关心的事情。

苏：你觉得这样可以吸引员工的兴趣吗？

米格尔：很多员工会关心假期政策如何变更。就在今天，就有三个人问我想了解更多信息。有些人认为新的政策对老员工不公平，他们想知道公司为何做出这样的变更决定。

请注意，米格尔想要批评老板的想法时，苏没有断然回答："算了吧，他是老板，所以有权做出任何决定。"导致对话终止。苏也没有进行反驳（"嘿，很多人都想知道新建筑的样子"），这样会让米格尔感到疏远。相反，苏让对话越来越深入，而且在此过程中，她发现了一个影响公司士气的问题。

这就引出了我的第三点：向别人提问时，要尊重他们的答案。如果他们的主意不错，那就采取行动，并让他们知道你确实付诸行动了。即使答案很离谱，也要用诸如"值得考虑"或"我没有那样想"这样的回复给予肯定。如有需要，还可以回复"这个想法太棒了"或"很高兴你能加入我们的团队，我们正是需要你这样有创意的人"。

如果你是一名经理或首席执行官，定期使用肩并肩这个沟通方法，你会见证各种成果。你会把谣言扼杀在摇篮里，那些一开始宛如陌生人的老板会对你产生好感。你会更快、更好、更轻松地完成自己的工作，因为你对周遭的人有了更深入的了解。

■ "你会说什么……"

我在加州大学洛杉矶分校二年级时，担任精神病科的住院见习医师，我问一名肿瘤科的护士："自从核磁共振（MRI）显示富兰克林太太的乳腺癌复发后，她的言行举止怎样？"

护士回答说："她一直在哭，虽然家人和肿瘤专家一直努力向她保证这种药物可以有效治疗癌症。"

我继续问道："以你的经验来看，在这种情况下什么办法最有效？"

富兰克林太太的首席护士珍主动回答说："我们越是鼓励人

们发泄自己的悲伤或愤怒，这些情绪会消失得越快。一些年轻的肿瘤科医生对患者的情绪感到不自在，因为病人的焦虑情绪也会让他们感到不安。"

这个错误我再熟悉不过，我不想再看到新手医生们再犯，于是我问道："珍，你显然对此很有经验。你会对那些医生说些什么，从而帮助他们以及患者更轻松地接受坏消息？"

珍想了一下："嗯……我会告诉医生，我知道他们很在乎病情，但是如果他们允许患者听到坏消息后发泄出自己的强烈情绪，进展可能会更顺利。告诉病人这些话会很有帮助，比如'我知道您很难过，您现在有任何疑问吗？或者我给您一点时间来接受，几小时后我再回来和您确认一下，到时候我们可以再详细讨论一下治疗方案'。"

我感激地说："完美的计划安排！珍，你确实很了解自己的职业，也真正做到了关心病人和医生。我明天再来看看，你可以把进展情况再告诉我。"

这种肩并肩互动不仅解决了我要处理的问题，而且我也不必写一份惹人嫌还可怕的正式会诊记录。

得益于我的"走动式咨询"，在 6 个月的见习工作中，对于分配给精神科住院医生的咨询服务，我完成得最多，书面的正式记录却是最少。更重要的是，由于省去了撰写会诊记录的麻烦，我有了更多时间与需要帮助的癌症患者进行面对面交流。

➡ 有用的洞察

如果无法进行面对面交流，换肩并肩沟通试试。

➡ 操作步骤

如果你是一名经理，利用肩并肩沟通技巧看看效率最高员工的进展情况，看看能否找到让该员工更心甘情愿为你工作的方法。然后利用这个技巧和效率最低的员工谈谈，看看是否能找到让这个人表现不佳的任何相关线索。

第二十一章 填空法

成效：让对方感觉到你的理解，使其进入"愿意去做"的阶段。

作为一种沟通和影响的方式，倾听的威力不亚于说话。
——约翰·马歇尔，1801—1835 年美国最高法院首席大法官

凯特担心公司的明星员工在不快的合作关系破裂后大量流失，所以她考虑雇用我来阻止悲剧发生。不过，她不确定是否应该信任我，而且她还没有准备好向陌生人和盘托出自己公司遭遇的危机。

我们打过招呼后，凯特交叉双臂，等待我问出每个顾问都会提出的老问题："您期待什么结果？""您的时间安排如何？""您愿意花费多少？"。

不过，我并没有这样提问，反而说道："您正在考虑雇用一个像我这样的人，因为您想 _____。"同时做出邀请的手势鼓励她自己说出答案。然后我坐下来静静地倾听，等待着。

片刻后，凯特松开双臂，身体前倾，回答说："因为我想让这里再次成为一个适合工作的好地方。我希望人们为我工作是出于自身意愿，而非委曲求全。"听到这里，我知道我可以为凯特提供帮助……而且我也很确定凯特会坦白相告，因为我创造了牵引力，把凯特主动拉到了我身边，而不是强行靠近她。

初次和潜在顾客或客户见面时，双方的机会是均等的。一旦你开始推销或试图说服对方，那么主动权就转移到了客户身上。关键是要让客户对你穷追不舍。

秘诀在于邀请对方进行对话，而不是提出让他们充满戒备的问题，这就是"填空"法则的用武之地。

你直截了当地提问，期望传达出真诚的兴趣。但是，需要回答问题的对方会感到面临挑战，感觉就像一个小学生被老师或教练当场提问一样为难。在恰当的时候提出善解人意的问题可以有效改善关系（参阅第六章和第十九章），但是如果对新客户提出交易型问题，比如"您想要什么？""我可以向您展示一下我们的产品好在哪里吗？"这样的问题会让对方立刻感到十分抗拒。

填空这一沟通方法卓有成效，可以把对方吸引到自己身边。你不会表现得像一个要求严苛的老师或教练；反而听起来像一个值得信赖的叔叔、阿姨、祖父或祖母在鼓励他们："来，我们聊一聊，看看怎么解决这个问题。"

你可以自己试试，看看能否感觉到这两种沟通技巧的不同之处。首先，想象我坐在你对面，直截了当地问你："所以，你期望从这本书中学到什么？"这个问题听起来让人害怕，是吧？现在想象一下，我鼓励你谈谈自己的看法："你读这本书是因为你想学习如何 _____。现在学习如何做到这一点对你来说很重要，是因为 _____。如果你现在学会了并付诸行动，你会在 _____方面受益匪浅。"如果你和大多数人一样，你会很乐意，甚至还有点渴望敞开心扉，与我分享你的想法。

邀请人们填空也可以避免失调。如果你对对方的需求或动机做出了错误的假设，例如，你认为琼斯先生在寻求"简单廉价"的方案，实际他真正需要的是"快速高效"方案，那你可能会失去一个客户或一笔生意。让你的客户自己填空，你会得到正确的答案。

填空法则在销售中尤其有效，因为在他们满心以为你会强硬推销时，这种方法让他们完全措手不及。如果你的不寻常之举让对方感到惊喜，障碍通常会很快就会消失不见。此法还可以让人们卸下防备，因为话语和邀请手势双管齐下时，往往可以让人们张开双臂，敞开心扉。例子如下：

达娜：您好，非常感谢您抽出宝贵的时间与我见面。

桑迪亚：客气了。但是我还有急事要处理，现在我真的不确定我们是否对你的软件感兴趣。所以你可以快速介绍一下吗？

达娜：好的，谢谢您在百忙之中来见我。我到这里时您的助手提醒我您在赶一个非常紧急的截止时间。

桑迪亚：简直生死攸关！不过我大约可以挤出15分钟的时间。

达娜：非常感谢，我保证不会耽误您。首先，我希望了解一下，您考虑购买我们的软件或类似产品，因为（用手势邀请对方回答）_____。

桑迪亚：嗯……因为现在我们用的软件不太行，经常崩溃，运行速度太慢了，都快把我们逼疯了。其实，现在这么着急担心不能按时完成任务，也有这方面的原因。

达娜：改买我们的软件或其他类似产品，您希望能够完成_____。

桑迪亚：更多的工作！我们需要少花时间多做事，如果系统每周都要崩溃一次或两次，我们压根做不了什么。简直受不了！

瞧：瞬间牵引！其实，达娜让桑迪亚回顾自己公司迫切需要新软件的原因，实际上已经完成了很大一部分的推销工作。如果达娜的产品性能确实更好，那么很大程度上可以顺利出售，即使她还没有为自己或产品说过一句好话。

对了，达娜的开场白还有两点值得借鉴。首先"您正考虑购买……"听起来更积极，而"您在寻找"听起来好像很困难，"您需要"的语气听起来则有种迎合对方的感觉。"考虑购买"强化了人们的信念，也就是自己有掌控权，可以自由选择。

其次，达娜还说到了"我们的软件或其他类似产品"，而不只是说"我们的产品"（作为一名顾问，我的用词也是"我或像我这样的人"）。暗示潜在客户可以选择其他产品或其他卖家，会让他们感觉自主性更强，没有强买强卖的感觉。

不过，填空法则的真正威力在于不要告诉对方需要什么，甚至不要问他们想要什么。相反，你让他们主动告诉你，这样会让对方感觉"太对了！所以我才来找你"。因此，你不会吃闭门羹，客户或顾客会欣然敞开心扉，邀请你加入讨论。

■ "绝不再犯"

填空法则还有一个非同寻常的用途：帮助理解你自己。和所有人（包括我）一样，自己有时也会做极其愚蠢的事情。这没什么大不了的，除非你一次次重蹈覆辙。

如果你发现自己陷入了一种弄巧成拙的行为怪圈，那就用一种我称之为"绝不再犯"的填空法则翻版跳出这个怪圈。这个方法可以让你卸下防备，开始内心的对话，解决很多后顾之忧。

要理解其中缘由，不妨想一想，你做出有毁前途或激怒所爱之人的冲动或愚蠢行为后，你的典型反应是什么。大多数情况下，你会对自己说："真是个笨蛋！白痴！我真不敢相信你这么蠢。愚蠢，很愚蠢，非常愚蠢。还能再傻一点吗？"或者自言自语："嗯，这不是我的错。要是客户都是浑蛋 / 老板是个不支持我的白痴 / 伴侣吹毛求疵让人暴跳如雷，谁也受不了。"

这两种反应对你都没有好处，（尽管在你意识到自己搞砸的最初几秒钟里，这两种反应都是人之常情）。如果你不迅速摆脱这些下意识的反应，你就会说服自己（A）"你是一个会继续搞砸的白痴"，或者（B）"你周围的人都是白痴，是他们害你搞砸的，而你对此无能为力"，这都会意味着你将来还会失败。

不要为你的下一次犯错埋下伏笔，下次再犯时，试着做出改变。拿出一张卡片，写上下面几句话，然后在空白处填上你的答案：

1. 如果让我再来一次，我会采取不一样的＿＿＿＿＿＿＿

＿＿＿＿＿＿＿＿＿＿＿。

2. 我会做出改变是因为：＿＿＿＿＿＿＿＿＿＿＿＿＿

＿＿＿＿＿＿＿＿＿＿＿。

3. 我对下一次这样做（采取新行动）的承诺是 ＿＿。（1＝不会做；5 = 可能会做；10 = 会做）

4. 希望我对此负责的监督人应该是：＿＿＿＿＿＿＿＿＿＿＿

＿＿＿＿＿＿＿＿＿＿＿＿＿。

这种方法非常有用，因为你既不会沉浸在自责之中，也不会推卸责任——自责和推卸这两个陷阱会让你无法客观地审视到底发生了什么，以及整个事情的发生过程和背后原因。避开这两个陷阱，你就可以总结经验，采取积极的行动。

做这个练习时，最后一个问题一定要填上一个能让你坦诚相待的导师。选择一个你信任、尊重且希望得到同样尊重的人。若你处于重蹈覆辙的边缘，这是一个让你重新思考的绝佳方法。

➤ **有用的洞察**

直截了当的问题会让人觉得你是在刁难对方。让他们填补空白，他们才会觉得你是在"和"他们平等交流。

➤ **操作步骤**

对于许多经理（尤其是女经理）来说，主要问题之一是他们很难对任何请求说"不"——即使自己分身乏术。这是因为他们是需要承担责任的问题解决者，天生乐于助人，这时候，用"绝不再犯"的填空法则就可能会派上用场。

问题在于，总是回答"是"往往会导致精疲力竭，如果你的精力过于分散，往往会导致大家都不高兴。如果需要说"对不起，我没办法去了"的时候你还是不好意思说出口，只会说"好的"，那就试着亲自试试"绝不再犯"这个办法吧。如果需要选择一个人来让你对自己负责的话，那么厌倦了不断争取你注意力的伴侣或孩子就是不错的选择。

第二十二章　直到对方说"不"

成效：通过创造根本不存在的一致意见，让一个人快速经历说服
　　　周期的每一个阶段，直接从抗拒到"行动"。

生活就是一个接一个的推销场景。如果你不问，答案就是"不"。

——帕特里夏·弗里普，高管演讲教练

沃尔特·邓恩（Walter Dunn）在可口可乐担任高管长
达 40 年之久。邓恩负责为可口可乐争取大客户，包括迪士
尼和几个专业体育组织。

沃尔特告诉我，几年前，他试图让可口可乐打入一大型
连锁院线。在与院线代表交谈了一段时间后，他得到了这样
的回复："对不起，沃尔特，我们只能对你说'不'了。我

们已经决定选择百事可乐了。"

沃尔特紧接着问道："是我遗漏了什么问题，还是我没能解决什么问题？如果我们可以解决的话，会有不同的答复吗？"

这家院线代表回答说："百事可乐知道我们正在翻新大堂，表示愿意承担其中的一大笔费用。"

"我们也可以这么做，"沃尔特补充道。

"那好，那就交给你们了。"对方即刻回答道。

问问经理或销售人员："你会犯的最大错误是什么？"他们经常会说："要求太多了。"然而，他们错了——在现实中，你犯的最大错误就是索取太少。如果你索取得太少，当上级问你为什么没要更多时，你必须得解释一番。

一个更好的方法是不断地争取你想要的，直到你收到"不"的回复。"不"的言外之意是，你处于可以从对方那里索取的最大范围之内。更重要的是，这将是你镇定地完成销售或交易的最佳机会之一。

大多数人不敢尝试这种方法，因为他们认为"不"就是"不"。在约会时，大多数情况下"不"确实就是明确拒绝，但在生意场中，出人意料的是，"不"其实还有回旋的余地。不管怎么说，要想把"不"变成"是"，你都需要做出正确的举动。你应该这样做：

比方说，你想让一位客户内德（化名）购买产品，或聘请你作为顾问，或让你的公司成为项目竞标公司之一。但在你提出想法后，内德拒绝了你。

内德拒绝的时候感觉有点紧张和戒备，因为他预计你会感到挫败、愤怒或沮丧——或者开始硬性推销，让他在接下来的15分钟里仿佛置身地狱。如果你真的表现出这些，你将无法赢得内德的支持。相反，你应该深吸一口气，然后尽可能认真地说出以下几句话："我要不就是逼得太紧，要不就是没能解决对你来说很重要的事情，是吗？"

听罢，内德会对你的自知和谦逊大为震惊，在他平复之后，他会点头表示同意，甚至会尴尬地微笑着说："是的，你就是这么做的。"在那一刻，你开始占上风。为什么？因为内德精神上同意你的观点，并在心理上与你达成统一战线。换句话说，在不知不觉中，他实际上已经开始说"是"了。

一旦你达成了这份协议（"是的，我同意你搞砸了！"），你就可以使用第二十一章中的填空法则，说："我做得太过分，或是我没能解决的事情是＿＿＿＿＿＿。"

如果内德像大多数人一样，他会诚实作答。在详细阐述观点时，他可能会做两件事：发泄对你的不满，或告诉你他需要从你那里得到什么。这两件事都会让他从"不"变成"是"。

以下这个例子可以很好地说明这个技巧的原理。故事的主人公叫卢克，他是一家公关公司的客户经理。卢克正准备大干一场：他想说服首席执行官乔尔中断与目前公关公司的长期合作关系，把一场重大活动的举办承包给自己公司。

乔尔：对不起。我们对现在的合作伙伴很满意，你们公司不太合适。不过，我真的很感谢你抽出时间来。

卢克：我也非常感谢您抽出时间来。我能问你一件事吗？

乔尔：（有点戒备）没问题，但我真的不想为我的决定解释了。

卢克：不，我们不谈那个。我只是想知道你是否能告诉我那些我没问到，或是我没能解决但却能改变你想法的问题是_____。

乔尔：好吧……其实，我觉得另一家公司更合适，是因为他们有一名员工在我们这行做过一段时间，听起来你们像是新手。

卢克：好吧，我应该提出来的。我们经常做的一件事是引入在客户领域拥有丰富经验的顾问。去年我们在钱德勒项目上就做到了。他们希望我们能够一开始就运转起来，那是一个大项目，所以我们请来了两位在农业方面有40年经验的顾问。

乔尔：真的吗？

卢克：当然。钱德勒对活动的开展兴奋不已，并将其今年利润的跃升完全归功于我们。这只是我们与专家顾问合作的其中一个例子。我们致力于追求超出客户期望的非凡业绩，因为我们的声誉口碑正是取决于此。我们深知自己的优势，当我们需要其他领域的专业知识时，我们会利用该领域内卓越的外部人才。因此，我们为客户提供的方案总是一流的。像你们公司这种情况，我们拥有一支优秀的招聘团队，可以迅速找到最合适的人才，为我们提供行业经验，这样我们就能为贵公司取得最好的结果。凭借良好的声誉，我们可以吸纳任何领域的顶尖人才。

乔尔（开始从"不"变成"是"）：那不是会大大增加成本吗？

卢克：即使我们请来一位专家顾问——比你们目前公关公司提供的人才更有经验，我们的成本仍然会更低，因为我们的内部绩效节省了资金。我们知人善任，打造最好的活动效果，避免浪费不必要的时间和金钱成本。

乔尔：嗯……

这种方法妙就妙在，客户感觉自己可以控制大局，整个过程都在自己的掌控之中。你不是在发牢骚、威逼利诱或以其他方式试图制服对方；相反，你是在让他自由地提供你需要的信息，以此展开攻势。

是的，这确实有点冒险，如果你是初出茅庐的客户经理或初级销售人员，可能不会尝试这样的做法。如果你满足于达成安全、低水平的交易，你也会避免冒险。但是，如果你有信心，愿意走出你的舒适区，那就试一试吧，否则你永远不会知道你能达成多大的交易。问问沃尔特·邓恩就知道了。

➜ **有用的洞察**

在对方对你说"不"之前，你的索取都不算多。

➜ **操作步骤**

如果你从事销售或管理工作，想想你上一次的推销或交易。现在，拿出一张纸，写下这个问题的答案："如果我不怕听到'不'的话，我还能再要求什么，可能得到什么呢？"

第二十三章　重量级感谢和道歉

> 成效：通过表达万分感谢让一个人从"行动"转变成"乐意为之"甚至"乐意持续去做"，或者表达万分抱歉让一个人从抗拒转变为倾听。

> 十分之九的智慧来自会欣赏。
>
> ——戴尔·道登，专栏作家

比起精神病学训练，我从孩子身上学到了更多，对生活有了更多了解——特别是关于如何触动他人心灵。

例如，我从女儿劳伦那里学到，一个举动可以温暖他人多年。在她的故事中，这个举动是她 23 岁时给我发的一封电子邮件。上面写着：

嗨，爸爸，昨晚我像往常一样在曼哈顿闲逛，和我的朋友们谈论着我们对未来感到多么迷茫。我像往常一样谈道，"我爸爸说……"对话一如既往变得更顺利了。我不知道我的朋友中有多少人谈起爸爸也是如此。我很幸运能有这样一位聪明的老爸，虽然他现在远在4000多公里之外。几周后见。爱你的，劳伦。

那封邮件对我来说就是无价之宝。不管一天有多糟糕，人们对我有多粗鲁或令人讨厌，或者我收到的正面反馈有多么的少，我都知道我很重要——因为我钱包里夹着一张纸条，上面写着这样的话。

■ "谢谢" VS. 重量级感谢

我的孩子都很棒，如果我为他们做了什么事，他们都很会表示感谢。但劳伦的纸条之所以与众不同，是因为它不仅仅是一句谢谢，而是一个十分有力的感谢。

显然，别人帮助你时，简单地说一声"谢谢"没什么不对。事实上，这通常是正确的做法。但如果你就点到为止，你的交流只是一种交易（你帮了我，我对你说一些礼貌的话）。它不会触动另一个人，也不会加强你们之间的关系。

正因如此，如果你非常感激对方特别提供给你的帮助，一句简单的"谢谢"远远不够，你需要用重量级感谢表达你的情感。你这样做的时候，你的话会引起对方强烈的感恩、尊重和亲近感。

下面是"重量级感谢"版本中我最喜欢的表达方式。得益于电影制作人海蒂·沃尔（Heidi Wall）的启发，分为三大步骤：

步骤1：具体感谢对方为你做了哪些事（也可能是对方为了避免伤害你没有做的事情）。

步骤2：感谢对方为帮助你所付出的努力，比如："我知道你本不必_____"或者，"我知道你是特意_____"

步骤3：告诉对方他的个人行为给你带来的不同。

以下是"重量级感谢"的实例。

经理唐娜问下属拉里：拉里，你有空吗？

拉里：有的，怎么了？

唐娜：没什么。我只是想感谢你在我做紧急手术时把班尼特的项目处理得这么好。

拉里：没什么。能帮上忙我很开心。

唐娜：我知道这肯定给你带来了一些麻烦。你本想着带你的孩子去看足球半决赛，但我听同事说，你整个周末都在办公室里研究项目细节。我觉得很多人不会如此心甘情愿地重新安排日程，我也觉得没有多少人能像你一样，把和班尼特的会议主持得这么好。

　　拉里：谢谢。我本来还有点担心，但很高兴我们做到了。

　　唐娜：快别谦虚了。是你做到了。你让我们俩都免遭难堪，而且你让整个部门取得了骄人的成绩。我和团队的其他成员都非常感激你。

　　在这种情况下，唐娜本可以像大多数经理一样简单地说声"谢谢"。但如果她真这么做了，拉里（尽管他是个非常好的人）可能会觉得有点上当了。为什么呢？如果对方大费周章帮助你，而你只说了一句"谢谢"，你就造成了镜像神经元受体缺陷（详见第二章），因为在情感上，回馈和所得并不相称。简单的"谢谢"聊胜于无，但远远不够。

　　唐娜的重量级感谢让拉里觉得自己得到了同样的回馈。她不仅表达了感激之情，还认可了拉里的善良、智慧、奉献和愿意牺牲自己帮助他人的可贵精神。因此，她与拉里联系会更为紧密，她也给了他更多的动力让他面对以后的困难。

　　还要注意的是，"万分感谢"并不只是让对方面子上过得去。你表现出的同理心、谦逊，以及关心，也会为你赢得一片好评。这会表明，你值得信任。在生意场上，人们经常因遭遇背叛而受伤害，赢得他人的信任会为你赢得重要的盟友。

为了让个方法更为有效，条件允许的话，对你的组员表示你的重量级感谢之情。你的听众越多，效果就会越显著。

◼ 万分抱歉

我的女儿劳伦教会了我重量级感谢的重要性，而另一个女儿艾米丽则给我上了另外一课——如果你伤害了别人，别想着轻易就能收买他们。

故事始于我妻子的一个电话，她说："你摊上大事了！"原因是这样的：我没有去看 7 岁的艾米丽上舞蹈课。"她一直在找你，但你不在，"妻子告诉我，"我觉得你需要和她谈谈。我觉得你这次做得确实不对。"

我立刻想到了"贿赂 / 分散注意力"，于是我去商店给艾米丽买了一个长胳膊长腿扭来扭去的可爱娃娃。到家后，妻子指向艾米丽房间，示意我到那去找她。我走过去，在她床边坐下，对她说："我答应过你要去看你练舞，但我没有去，你是因为这个在生气吗？"

艾米丽没能忍住泪水，张着小嘴巴，眼泪汪汪地看着天花板。我继续说道："爸爸错了，我很抱歉，我向你保证，我再也不会出尔反尔了。我想让你相信，爸爸的承诺是你永远可以信赖的。所以，以后我不会动不动就给你许诺，我可能会说'我试试',希望这样我能经常给你带来惊喜。"

我抱了抱她,然后把娃娃递给她,她也给了我一个拥抱作为回报。但是第二天,我发现那个娃娃躺在她房间的垃圾桶里。受伤吗?确实有点。但我也只能苦笑。我的宝贝女儿用她自己的方式告诉我:"我很重要,伙计,你最好明白,你不能轻易收买我,最好说到做到。"

我确实遵守了那个承诺,艾米丽后来也完全原谅了我。但这不是一朝一夕的事,我下足了功夫才赢回了她的信任。

我猜在某些时候你也会搞砸,可能是比孩子朗诵会更重要的事情。也许你背叛了同事的信任,失去了一个大项目,或是因为说了一些无法收回的狠话伤害了自己的伴侣或孩子。

如果是这样的话,要明白这一点:仅仅说一声"对不起"可以抚平伤口,但无法治愈它。那是因为你搞得一团糟的事情不仅仅是个小错。敷衍的道歉会显得对方并不重要(导致严重的镜像神经元受体缺陷),而你应该证明并非如此。所以,不要只说抱歉;如有必要,给出诚恳有力的道歉。

一个诚恳有力的道歉包括"4个R",分别是:

认错(Remorse):向他人证明你知道自己造成了伤害,并且你对此真的很抱歉。举个例子:"我知道我没有提供你购买新电脑所需的文件,这让你在老板面前很难堪。都怪我，他拒绝了你的要求，导致大家都得再用一年旧电脑。"
你这样说完后，允许对方发泄，即使对方言语过激，也不
要回击。鼓励愤怒的人发泄出心中怒火，可以加速治愈的
过程。

补偿（Restitution）：想办法弥补，至少弥补部分后果。
举个例子："我知道整个团队都因为没有得到电脑而生气，
他们都怪在你头上。我会去找每个成员，向他们解释这是我
的错。我无法挽回损失，但至少你不会再因此受到责备。"

改过（Rehabilitation）：用行动证明你已经吸取了教
训。如果你犯错是因为没有做好工作，或是信口开河，那就
采取一切必要的措施避免将来重蹈覆辙。

请求原谅（Requesting forgiveness）：不要马上请求原
谅，因为行胜于言。要想真正获得原谅，你需要坚持自我监
督，直到确定不会再犯这样的错误。这时，走到你伤害过的
人身边，问他："你能原谅我曾经对你造成的伤害吗？"

大多数人会礼貌地接受你的诚恳道歉，因为他们尊重你的谦
逊，尊重你为证明自己值得信任所做的努力。即使是那些最初对
你不屑一顾的人（"我再也不想和你有任何瓜葛了！"），通常也
愿意原谅你（即便他们没有完全忘记）。尤其是治愈离婚带来的
创伤，这是一种特别奏效的方法。

如果你已经竭尽所能，对方仍不肯原谅你，不要认为自己不

可原谅；相反，要意识到可能是对方得理不饶人。如果是这样的话，不必再纠结于此。就让它过去吧，不必怨恨，怨恨只会增加你的心理负担。

另一方面，如果你的"万分抱歉"奏效了，那就好好珍惜你的第二次机会，你要知道这种方法只有第一次管用。如果你一而再再而三地践踏一个人的信任，那就无可救药了。但如果你信守承诺，最终你可以重新赢得对方的信任，甚至他会更加信赖你。

➤ **有用的洞察**

说"谢谢"的次数越多、越真诚，你需要给予员工的补偿就越少。你越常真诚地表示"对不起"，你的员工就会越快恢复工作状态。

➤ **操作步骤**

想想（A）在过去的一个月里给予你最多帮助的人，（B）在过去一年里给予你最多帮助的人，（C）在一生中给予你最多帮助的人。不管是当面，还是写信、发邮件，向每个人表示自己的万分感谢之情。

现在，回想一个你伤害过、辜负过、从未弥补过的人，向他表示万分抱歉。只要出于真心，表达谢谢或抱歉就永远不晚。

第四部分

组合技：七大棘手情况的快速解决方案

至此，你所掌握的这些技巧就像武术动作：本身很有力，但一经结合，它们会变得更加强大。在接下来的章节中，我将通过一些例子展示如何整合学到的技巧（外加一些小技巧）解决一些常见但棘手的情况（甚至是可怕情况）。

第二十四章　如何搞定噩梦般的队友

好的管理方式在于向普通员工展示如何像优秀的人一样工作。

——约翰·D.洛克菲勒

　　情境：有个好消息，老板刚刚第一次让我负责一个大项目。可坏消息是，我手下的团队基本上（怎么说比较客气呢？）——表现都不太出色。乔纳斯，真的很聪明，我觉得我可以指着他做成这个项目。我也离不开德克，但他还有两年就退休了，只希望工作越少越好。我的首席分析师是琳达，她大半的时间都花在抱怨其他成员上。团队的第四位成员雪莉比我资深，她可能会觉得我抢占了她的项目，我估计她会有些不快。作为一名缺乏经验的新手经理，我不知道从哪下手。帮帮我！

首先，你（包括现在许多经理）要意识到自己正在与"筒仓们"打交道，即那些自私自利、只为自己着想、偷工减料、不愿意配合完成工作的人。

尤其是你所在的领域，如果疯狂的合并和裁员已经让公司或成员之间的忠诚无从谈起时，愈发如此。如果你的团队成员围于自己筑起的城墙，不愿合作，你的工作就几乎不可能完成。因为他们不会分享信息，最终只会导致犯下严重的错误，努力付诸东流。他们不愿分享自己的专业知识，会加大每个人的工作难度。而形势一旦变得艰难，他们甚至可能进入狙击或直接破坏的模式。

所以你需要做的第一件事就是打破这些单打独斗者建立起的城墙。要想做到这一点，就得以他们的共同之处为基础：上方的天空（共同的愿景）和下方的地面（共同的价值观）。

第一步是先与你的团队召开会议。你的目的是通过会议增加团队成员对这个项目的激情、热忱和自豪感，运用我在第九章中概述的 PEP 挑战的新版本。会议开场白可以是：

在座的各位都是杰出的专业人士，本职工作做得也无可挑剔。有你们的加入，我觉得非常幸运。但不幸的是，就像现在几乎所有的专业人士一样，我们都只会单打独斗，只专注于自己需要做的事情。一方面，我们能够在自己的领域更好地发光发热；但另一方面，我们变得更难协同合作。

为了在竞争中获胜，我们需要像美职篮冠军球队、世界大赛冠军、超级碗冠军或奥运会冠军团队那样无缝合作，携手并进。这些团队中的超级巨星们可以合作并击败其他团队，正是因为他们不会在团队内部你争我斗。现在，公司和我需要你们像那些冠军团队成员一样合作。因此，我们需要利用大家的共同之处，而非彼此之间矗立的高墙。

　　两个筒仓之间的共同点是上方的天空——这是我们都相信并心甘情愿买账的共同愿景，以及下方的地面——这是我们都会奉为圭臬的共同价值观。每支获胜的队伍都有赢得冠军的这个共同愿景和完美执行的共同价值观。

　　所以，我们先花点时间弄清楚对我们所有人来说，这些分别是什么……

　　在接下来的讨论中，将重点关注 PEP 挑战的关键要素。鼓励大家谈论他们对什么愿景充满热情，以及这个项目如何促进这个愿景的实现。让他们谈谈自己团队忙碌而富有成效时，他们的热情所在，以及他们为公司感到自豪（或不齿）的是什么事情。他们希望公司做出怎样的改变才会对自己正在做的事情感觉更有激情、热忱和自豪，让他们自由发表意见。如果你照做了，你会感觉到你的团队从最初的冷漠或敌意逐渐转变为兴奋不已、充满活力。

　　当然，这只是第一步。一旦这个兴奋而激动的团队离开会议室，他们还是乔纳斯、德克、琳达和雪莉，他们与你的矛盾以及彼此之间的问题仍然存在。如果忽视这些问题，你那些鼓舞人心的话语很快就会消失，每个人都会再次回到自己的筒仓里。

为了避免这种情况，要弄清楚你需要做什么才能打开每个团队成员的心扉，让他们有这样的想法："我在意这个项目，我要竭尽全力去完成。"以下是我的一些建议：

- 让乔纳斯开心

乔纳斯很有上进心，所以对他不要管束得太严，反倒应该让他自己放手去做——在战略性时刻使用"重量级感谢"认可其价值。例如，在有公司要员出席的高管会议中表示："好消息！实际上，我们不仅做到了，甚至超额完成目标。上个月，公司面临严峻的形势，但乔纳斯加班加点地工作，创造了许多奇迹，供应问题才得以解决。多亏了乔纳斯，我们才能超额完成目标。"

此外，请谨记，对于像乔纳斯这样的有才干和上进心的员工来说，最好的安排就是帮助他清除障碍，其中包括垃圾人群。因此，千万不要安排乔纳斯和琳达搭档。

- 让德克感觉缺他不可

如果德克和大多数即将退休的员工一样，仍对工作有激情，可以发挥余热。你只需要提供让其燃烧的火花。

要做到这一点，首先让他知道自己的价值，因为年长的员工常会觉得自己不被赏识或是被排挤到一边，尤其是经理还比他们年轻许多时。你可以这样表示："你对使用该软件最有经验，可以帮忙指导年轻的团队成员吗？"

此外，再问一些变革型问题，让德克知道你欣赏他的有趣和才智。

比如："以你的经验来看，为了帮助公司提升价值，你觉得我们部门未来可以做的最重要的事情是什么？"

如果德克依然表现低迷，那么你可以邀请他共进午餐，聊天的时候使用填空法则（"我猜你有时会对工作感到沮丧，因为_____"）。你很可能借此机会发现问题，然后一起解决。

● 让琳达感觉自己举足轻重

还记得我在前几章提到让那些讨厌鬼也要感觉到自己的价值吗？你对琳达也应该如此。除了日常职责外，给琳达分配指定任务非常重要。不过，要确保此任务不会干扰团队的其他成员。实际上，如果可以的话，指派给琳达一项让整个团队受益的任务，这样她就会为团队的成功投入更多的精力。

例如，你可以表示："琳达，我们的日程安排很紧，我需要确保一切准备就绪，每个人都可以快速投入工作。你工作井井有条，我想让你来负责。所以，我希望你每周五用电子邮件向各团队成员进行迅速核对，然后 3:00 跟我进行 10 分钟的情况汇报，告知我是否有人需要设备或支持。这非常重要，大家如有需要，一定要在周五发邮件给琳达。"

琳达向你反馈信息时（例如，"乔纳斯说他需要有人来测试电路板"），你可以说，"好的，我马上处理，谢谢你。我知道每周你都要挤出时间来跟每个人进行核对，如果有需要，我可以跟你的组长说，少给你安排点活。公司的正常运转实在离不开你"。这会再次鼓励琳达为整个团队的成功投入精力。

如果琳达一如往常，继续抱怨不休，那么就考虑使用"你真的这样认为吗？"这一方法帮助她停止埋怨（"我无意中听到你说你的团队成员是白痴，永远都无法完成我们的目标。你真的这样认为吗？"），或者试试利用"移情沟通法"——比如，问问她："你批评德克效率低下时，你觉得他会感觉如何？"

● 解开雪莉的心结

你的老板可能有充分理由把这个项目安排给了你而非雪莉，所以不要对此感到良心不安。不过，大家心知肚明雪莉比你年长，而且她早已期待接手这个项目，所以一个小小的约定就可以让误会烟消云散。

例如，你可以表示："雪莉，我特别感谢你为该项目的辛勤付出。我知道自己只是个新手，不如你有经验，有些人会对我当经理议论纷纷，但是你却一直很支持我。我从你的身上学到了很多东西，我觉得这会帮助我成为一名更好的经理。"（约定与"重量级感谢"合二为一——加分！）

你先大方说出雪莉的内心想法（"为什么这个暴发户能抢走我的项目?"），然后大度谦逊地化解雪莉的疑问，雪莉会更愿意离开她的"筒仓"，积极加入你的团队。

最后还有一个忠告：不要因为自己是新手或经验不足而烦恼，要意识到自己足够优秀，当之无愧。展现自信，更能赢得成员的信任。一旦表现得唯唯诺诺，成员只会越发觉得你德不配位。（正如外交官兼总统候选人阿德莱·史蒂文森所说："要是你觉得自己骑马看起来很滑稽，那你很难率领骑兵冲锋陷阵。"）因此，暗示自己就是公司有史以来最好的经理，然后努力证明这一点。

➡ 有用的洞察

尽你所能组建最好的团队，然后成为他们（以及自己）心目中最理想的领导者。

➡ 操作步骤

如果你目前管理一个业务团队，在纸上写下团队成员的名字。根据名单找出两种"筒仓"：一种是"粮仓"，每天默默无闻地工作八个小时；另一种是"导弹筒仓"，他们潜伏在门后，准备随时举报那些看到的违规者。逐一与这些人接触，看看在用将心比心、谦逊和真诚的态度表达自己愿意理解他们后，有多少人愿意卸下心防。

第二十五章　如何顺利升迁

成功的秘诀在于行动起来。

　　　　　　　　　　——阿加莎·克里斯蒂，推理小说家

　　情境：我是一家跨国公司的中层经理。我想在这家公司大展身手，但我不知道如何让人们注意到我。我即将被调派到其他部门，有没有什么办法给我的新老板留下深刻印象？

　　从第一天就套用我在第十九章中提到的问题："为了做好这份工作，三件必做之事和永远不要做的三件事情分别是什么？"相信我，这个问题会让你立马儿从人群中脱颖而出。

　　接下来，想要取得成功，首先要让你手下的员工发挥才能，而前提是你与他们保持良好的沟通。由于你们之间所知甚少，在开始的几个月可以自由使用肩并肩沟通技巧（参见第二十章）。这种方法可以帮助你快速明确下属在做什么、判断情况好坏以及发现潜在问题。一旦发现了问题，使用第三部分中的恰当技巧快速解决它们。

你的老板想知道："这个人能担此重任吗？"如果你可以镇定自若地处理危机，你看起来会是一个不错的领导者，所以认真练习第三章中的"哦，见鬼"到"行，没问题"技巧。如果你在其他所有人都崩溃时仍能掌控一切，那么你会赢得上级的尊重和信任。

在年度考核中，要清楚地表明，你不仅为自己的成功努力，还为公司的发展添砖加瓦。如果你的老板问你是否有疑问，你可以这样回答："我想让您想象我们正在进行下一次的考核，然后您对我的评价是：'你的绩效、表现，以及提供的一些创新解决方案对公司和我都大有裨益，远远超出我们的预期。'我该做些什么才能获得这样的评价呢？"

机会出现时，问一些能够加深你和老板关系的变革型问题。例如，"您如何看待技术进步给公司带来的变化？"或"您认为我们最重要的目标和最大的障碍是什么？"，诸如此类的问题会让老板感觉你不仅仅把他当作薪水比自己高的上级。

此外，寻找机会让老板感觉自己能懂他。经理职位越高，他们的压力也就越大，感受到的理解会越少。这是因为与同级别的同事不同（同一级别的同事之间可以直说"你看起来很累"

或"你还好吗?"),上级和下属之间往往更多的是谈论工作本身(在金字塔顶端的领导者可能会感觉孤独)。不要太过热切,也不要犹犹豫豫,只要偶尔说些诸如"两天开六次会议,您怎么受得了?"之类的话就好。或者,如果对方看起来很疲惫或沮丧,那就问句"你今天感觉还好吗?",小小的同理心会让对方产生强烈的感激之情。

如果你真的很想出人头地,还有另外一个小贴士:目光比上司更长远。公司内部或外部是否有其他人可以帮助你一步步向上爬?如果有的话,那就接受我的建议:拍马屁,我指的不是阿谀奉承,而是善于为人处世,融洽的人际关系。这些人很聪明,可以为你提供指导,打开成功之门,他们中有很多人都好为人师。

在职业生涯的早期,找出你最热衷行业或领域中最有权势、最受尊重、最成功和最为谨慎的人(在第三十章,我会提供一些认识这些人物的好方法),与他们建立关系然后请教他们:"我想学习您所知道的一切。最好的方法是什么?"照着他们说的去做,积极向他们学习,并且学会取得他们的信任,成为他们的左膀右臂。毕竟,有句老话:有身居高位愿意帮自己一把的朋友是好事。

➡ **有用的洞察**

展望自己想要的理想工作,然后制订计划积极实现。

→ 操作步骤

列出公司中最敬佩的 10 个人，根据所学技巧（以及第三十章中的内容），看看你是否可以想到如何与这些人建立更亲近的关系，并让其成为自己的人生导师。

第二十六章　如何对付自恋狂

顾客有时是错的。

——赫布·凯莱赫，西南航空前董事长、首席执行官

情境：我在一家产品设计开发公司工作。我们的一位客户要求我们设计一套个人护理系列产品的包装，但这个项目正演变成一场噩梦。上个星期，客户要求先设计洗发水瓶包装。下周他要求"我需要你们立即设计沐浴液瓶的包装"，所以我们只能先放下洗发水瓶（不是字面上的意思！），开始设计沐浴液瓶。下周的要求又变成，"当务之急是先设计肥皂盒包装。"同时他还希望洗发水瓶和沐浴液瓶也能立即完成！我们无法完成整个项目的任何一个产品设计，因为客户每周都要更改自己的需求。我们的老板也束手无策，只会重

复一句老话："客户永远是对的"。但在我看来：客户错了，我们正在丢失所有利润，因为工作效率低下，还浪费了大把时间。有什么办法可以解决这个问题吗？

你们的客户是典型的自恋者。因为他，你们痛苦不堪，公司利润大幅降低，你和老板也惹上麻烦，但他本人对此一点也不在乎。他只管提出自己的要求，而且必须是现在、立刻、马上完成。自恋者在商界十分常见（许多有远见的初创企业领导者和首席执行官都属于此类），你也会遇到表现出自恋行为的普通员工，因为他们认为这是在公司中崭露头角的好方法。因此，你很可能会遇到真正的自恋者和伪自恋者，做好和他们打交道的准备（不确定是否在和自恋者打交道？请参见第十一章中的快速测试方法）。

在目前的情况下，你显然不能指望从老板那里找到解决方案。事实上，如果老板根本不关心你的需求，以此判断，她可能有点自恋（或者太懦弱，不敢反驳客户）。所以，好坏只能看自己的了。我在第十一章也解释过，你无法改变一个自恋者，但有时你可以驯服他。如果你负责与客户沟通，以下是我的建议。

下次与客户见面时，等他用惯常的打断方式提出另外一个要求："现在，大家停下手头的工作，听我说！"在他明确提出自己的要求后，然后保持冷静积极回复说："不好意思，在我们继续之前，您得知道如果我们听从您的安排，放弃现在正在做的所有事情，我们会无法完成这项任务，毕竟您上周说这项任务至关重要。所以我想要您确认一下现在您想让我们完成什么？是上周您认为最紧急的任务，还是本周您认为的头等大事？"

这种方法会让自恋者停下进行思考，因为这并非你在和他抗衡，而是现在的他与先前的他进行自我对抗。如果他无法创造一个你输他赢的局面，那么他需要提出一个可行的方案。

不过要注意，对难缠、苛刻、自恋的客户才要使用这种方法。大多数情况下，出现问题不是因为对方不讲理或自恋，而是因为你和客户之间存在误解。如果是这种情况，最好的解决方法是使用我在第十七章中介绍的"嗯……"技巧进行深入交谈。例如，如果一位客户看着你出色的设计表示："我们不喜欢这个设计，太糟糕了！"不要反应过度，反而说"嗯……"或"请再详细说一下"，这会让你的客户迅速平静下来，让你摆脱刚才的"糟糕！"评论，还可以发现一些具体的问题，而这些问题一般都不是什么大问题。

你也可以使用填空法则："您对这个设计不太满意，因为您觉得它更应该_____。"这些问题会让你的客户感觉到被尊重和理解，从而问题也能快速得到解决。

不过就你的情况而言，比起难对付的客户，老板的不作为可能会让你要处理更多的事情。减少因这些客户产生的问题，方法之一是使用"约定"策略，让他们事先知道你能做的事情有实际的局限性。例如，与"洗发水先生"这样要求苛刻的客户建立合作时，你可以这样表示"我希望您意识到，如果您给我们提供具体的想法，让我们有充分时间进行设计，最后的工作效果会更好。我们团队灵活，但是我们公司不大，只有清楚了解您的需求，我们才能做到最好"。然后把客户的想法和优先事项写下来，这样你可以保留书面证据。

更重要的是，看看是否可以让老板理解这个简单的道理：如果越是满足自恋型客户的非理性要求，那么与那些公平交易的优质客户打交道的时间就越少。让自恋者处于你的掌控之中，才能让优质客户更开心。这非常有意义，毕竟优质客户才是你真正想要留住的客户。

➤ 有用的洞察

优质客户和顾客会提高门槛。不好的客户只会让你频频打脸。

➤ 操作步骤

分析你的工作时间表，确定每个月要花多久应付难缠的客户。现在，确定如果你可以控制那些麻烦的客户，可以为优质客户提供多少额外服务。这会让你有勇气去面对那些自恋型客户。

最好的方法是让自己尽可能地与那些体面、懂得赏识、无须费神的客户打交道。这样你对生活中的自恋者会越来越反感，从而有勇气及时止损。

第二十七章　如何拓展人脉

我所认识的那些人脉广泛、手握大把推荐信、自我满意度较高的
成功人士，总是把别人的需求放在自己前面。

——鲍勃·伯格，《成功方程式》作者

情境：我在城里开了一家印刷公司，新店开业不久，需
要招揽业务。我加入了当地的商会，甚至在一些商会委员会
任职，但并没有带来太多新客户。有没有什么更好的交际
方法？

我猜你开始做印刷生意是因为擅长打印，并不擅长分发名片
或打电话推销自己。实际上，你现在推销自己的情况时好时坏，
失败次数应该要比成功次数多得多。

然而出人意料的是，推销并没有多么复杂。伊万·米斯纳（Ivan Misner）博士是世界上最成功的商业社交组织国际商业社交（BNI）的创始人，他研究社交已有20多年，他表示高明的社交会有意识或无意识地运用他所说的VCP流程。运作方式如下：

米斯纳认为，可见度（Visibility）是建立关系的第一阶段。可见度是你和对方意识到彼此的存在，可能你们是因为公关或广告而合作，又可能是通过双方的共同好友结识。你们可能只是认识，但平时还是直呼其名，对彼此知之甚少。

可信度（Credibility）指的是可靠和值得信赖的品质。一旦你和新朋友对彼此有所期望，并且这些期望一一实现，那么双方的关系就可以进入可信度阶段。如果两人都有信心从这段关系中获得满足感，那么这段关系会继续加强。如果两人的交往持续，彼此遵守承诺、不撒谎，并主动帮忙，那么可信度就会提高。

回报能力（Profitability）是关系变得互惠互利的阶段。双方都能从中获得满足感吗？这段关系是否通过为双方提供利益来维持下去？如果不能使双方都受益，那么这段关系可能持续不了多久。

下面我将介绍新的沟通技巧，让你在米斯纳VCP流程的三个阶段都可以大获全胜。

■ 可见度阶段

在这一阶段，不仅仅要介绍你是谁，还要告诉对方你的魅力所在，以及为什么你会是一个理想的朋友或客户。

例如，在那些商会的会议上，记住最重要的一条规则：要对他人感兴趣而非展现自己有趣。多谈论关心对方的业务，而不是对自己的生意滔滔不绝。要提些聪明的问题，了解对方做什么、怎么做、什么样的营销策略行之有效。永远不要在对方说话时打断他们，而要多提出一些能够激发对方回答欲望的问题。

接下来，让对方感觉被理解。如果他们提出了问题（"因为市里的街道维修项目，我们的业务大受损失"），那就表现出你对他们的关怀，即使这些问题对自己没有任何影响。竭尽全力去理解对方的问题并帮助他们解决，你的热心慷慨会给他们留下深刻印象。

你也可以提出一些变革型问题促进关系进一步发展，让对方知道你非常重视他们的才干。比如问问另外一位公司老板，"您认为重建计划对我们 5 年后的业务会有什么影响？"或"您认为这座城市未来 10 年的经济发展趋势如何？"。

最后别忘了，使用"重量级感谢"表现善意也非常重要。如果有位公司老板提出了不错的建议，促进了你的公司或社交组织取得成功，那就在会议中公开表明，"查兹借给我们艺术节的桌子为我们节省了 500 美元，多亏了他，我们的活动开销才不至于超出预算，他真是太慷慨了！甚至还花了几个小时和自己的员工在凌晨 5 点为我们摆设桌子。"你的感激会让对方的镜像神经元产生共鸣，对方也会想要有所回馈，可能会帮助你的公司开展业务或者给你介绍其他人脉资源。

可信度阶段

本阶段，切记避免在新的关系中引起认知失调。你们还在逐渐加深了解，对方了解到的每个事实都非常重要。因此，诚实准确地展现自己，不要对他人的需求妄做假设，也不要许下任何无法兑现的诺言。

此外，让对方感觉到被重视。尽你所能去帮助对方，感谢对方提供给自己的任何帮助（在适当时机运用"重量级感谢"）。如果可以的话，首先成为这段关系中的推荐人。如果对方向你推荐了其他客户，那么竭尽全力满足这个客户的需求。

简单来说，不要总想着这段关系能为自己带来什么好处，多想想可以给对方带去什么好处。努力维护关系，不要搞砸——如果不小心搞砸了，那就运用"重量级道歉"弥补自己的错误。

到了这一阶段，继续让对方感觉到你对他的兴趣、自己的价值所在以及自己被理解。不过，也要考虑一下我在第十章中提出的建议，远离生活中的垃圾人群。通常，你的新朋友会分为三类——给予者、索取者、回报者，你需要尽早远离索取者。因此，重新审视自己的新联系人名单，多花点心思放在给予者和回报者身上，让索取者远离自己的生活。对待新的朋友要慷慨大度，不要斤斤计较，不过要优先考虑与那些愿意有所回馈的人维持关系。

最重要的是，放轻松，在未来几个月或几年不断结交新的朋友。人际关系，尤其是那些能带来互惠互利的关系，需要时间的锤炼，保持耐心（其实你越心急，别人越容易望而却步）。还要明白一点，并非每段关系都会进展顺利，失败了也没什么。有时，亲吻不少青蛙——甚至是一大群癞蛤蟆才能唤醒王子。

➡ **有用的洞察**

多想想"我可以为对方提供什么帮助？"，对方迟早会问："我能为你做什么呢？"要是只关心"这对我有什么好处？"，他们反而会自问："怎样才能摆脱这个人？"

➡ 操作步骤

如果你害怕社交，问问自己会从中获得什么。有什么无法抗拒的目标愿望值得让你走出舒适区？也许是拥有一家成功的企业，抑或是职位晋升。或者，你可能想为自己克服恐惧，勇敢表现自己而深感自豪。把愿望谨记于心，就会转化为承诺、付诸行动。

第二十八章　如何对付情绪失控的人

危机之中无小事。

——贾瓦哈拉尔·尼赫鲁，印度开国总理

情境：我在一家金融公司工作，每天经手的金额高达几百万美元，压力很大。此时管理层却把我们的许多工作调往海外，无疑是雪上加霜。大家压力都很大，人人自危，害怕丢了工作，其中很多人似乎都处于心态爆炸边缘。坦白说，我认为很可能出现那种"心怀不满的员工发疯"的情况，我不知道该如何是好。

并非只有你会面临这种情况。如今，任何一个人——经理、首席执行官、医生、教师、律师，都可能成为那些崩溃发疯的人的攻击目标。

害怕吗？当然！随便问个精神病医生就知道了，因为每个医生都会遇到脾气暴躁的棘手患者。我保证：面对极度不安或暴力的人，你不会总是能应付得过来。通常，你唯一的选择就是逃跑或躲避。但是，如果此人并非直接构成威胁，或你没有办法直接逃脱，那么正确的措辞可以让你有能力控制局势，甚至转危为安。

关键是要明白，对方成了一颗定时炸弹，其实是处于攻击模式，因此理性、合理、明智的对话根本无济于事。一个向老板扔电脑或挥舞着枪的家伙根本听不进去什么道理，因为他已经无法进入更高层级的思维过程，他不可能对自己说："嘿，冷静下来，这太疯狂了。"

如果你恰好跳过了第二章，没关系，我再解释一次：在危机时刻，人脑会决定是由具有逻辑思维的上层脑还是由原始的下级脑负责。一旦进入原始脑，那么理智的大脑会被封锁起来。

如果你面对的是一个正在发疯的人，那么你的任务就是打破封锁。怎么做呢？和对方积极对话，让对方逐渐从"我想伤害别人"到"我非常伤心"再过渡到"我需要找到更好的方法来解决这个问题"。这些不同阶段和"三个大脑"密切相关：爬行脑、哺乳脑、理智脑。

为了让失控的人能够理性行事，你需要让对方按顺序逐渐提升自己的思维（可以看作"快速进化"）。以下是操作方法。

第 1 阶段

在这一阶段，你的目标是要让对方从爬行脑转变成哺乳脑。因此，请遵循以下步骤：

- 询问，"告诉我发生了什么事"

发泄会让对方从开始的盲目攻击（最原始的反应）转变到情绪激动（下一级的反应）。对方的大喊大叫会让你心烦意乱，但这比身体暴力的威胁要小得多——所以就让对方尽情发泄吧。

- 确认，"我要先确认一下我没有会错意，防止我们不在同一频道。如果我没听错，你说的是……"

平静地重复对方说的话，语气中不要带有任何愤怒或嘲讽，然后询问对方"是这样的吗？"当你这样做时，你是在投射对方（也就是我在第二章中谈到的那种强大的沟通技巧）。

你还会让对方从发泄转向倾听，放慢大脑的速度，更理智地思考。

- 等到对方回答"是"

简单地回答"是"会让对方的态度趋向一致，而非带有敌意。"是"还表示不再抗拒。如果对方以任何方式纠正了你所说的话，重复你捕捉到的信息。

- 现在表示，"这会让你感到生气／沮丧／失望／心烦意乱（或诸如此类的具体心情）……"

选择你认为最能描述对方感受的词汇，如果对方否认，鼓励对方说出他的真实感受，然后你再重复一遍，等待另一个肯定回答。记住，如果对方可以用言语描述自己的感受，他的焦虑也会消失大半。这一点非常关键。

第 2 阶段

此时，对方不再疯狂出击，但他仍需要发泄——情况好多了，但问题尚未解决。因此，你的下一个目标是把对方哺乳脑转向理智脑。步骤如下：

- 向对方提出："现在解决或改善这个问题非常重要，原因是＿＿＿＿＿。"

填空法则要求对方想出一个答案，这也就打开了通往理智（人类）脑的大门。重要提示：说这句话时，一定要强调"现在"这个词，以表明你理解对方需求的紧迫性。

- 照亮出路

如果对方回答"因为如果事情没有解决，我心态爆炸，会伤害自己，伤害别人"，听到这样的话你要继续回答"天啦……继续和我说说吧，这样我才能确定自己真的理解你"。（不要带有疑问或讽刺，但要强调自己确实在倾听）然后说："如果是这样的话，我们一起想办法解决，这样你就不会做一些会让情况变得更糟的事情了。我知道我们一定可以，因为你之前也遇到过类似情况，并且挺过来了。不过，既然我们已经开始了，那就找出一个解决方案，省得以后重蹈覆辙。"

这表明你有认真倾听对方，认真对待对方的问题，意识到对方的心情有多么糟糕，并且你还承诺帮助对方解决当前的问题，以免未来类似的情况再次上演。你所做的一切都会让对方感觉不那么孤单。

此时，对方会把你当作救助的向导，危机也会逐步得到解决（当然最好是在受过训练的专业危机处理人员的帮助下）。现在即便问题尚未解决，最坏的时期也已然过去，每个人都可以伸出援手，开始解决问题。

■ 人为何会发怒

我们在媒体上所见的暴力事件，其导火索几乎都是出于愤怒，具体来说，是无能为力的愤怒。如果一个人感到不被接纳、蒙受羞辱，并且对此无计可施时，就会产生这种无能为力的愤怒。由于缺乏合理的应对技巧，他会大发雷霆，向所有人重拳出击。

你我有时也会感到愤怒和无能为力。但那些暴力人士和我们不同，他们无法控制这些情绪。科学家们曾发表报告称，从化学成分和生理结构上看，许多暴力的人"天生"爱冲动、自制力差。社会学家指出，他们中的许多人在孩提时代遭受过虐待。此外，心理学家和精神病学家则指出暴力人士缺乏客体恒常性（object constancy）。

客体恒常性是指即使你对另一个人感到失望、受伤或生气，仍能与他维持积极的情感联系。但暴力人士对挫折的容忍度极低，会与任何让他们失望的人失去所有情感、心理连接。一旦这种连接断裂，这些人就成了被摧毁的对象，就像在丢球之后，球员猛地把网球拍扔在地上。如果你要和暴力人士打交道，请记住以上这一点，它可以帮助你避免潜在的致命错误，即唤起他人的同情心（"我知道你不想伤害我"）。相反，你要集中精力迎合对方的自身利益。

➤ **有用的洞察**

如果他不能或不愿倾听你，让他先倾听自己。

➤ **操作步骤**

如果你知道身边的某个人正处于一触即发的状态，心态随时都有可能爆炸，请练习我在本章中概述的步骤，直到它们成为自然反应，从而为潜在的危机做好准备。条件允许的话，和另一个可以扮演失控角色的人一起练习。这有助于你在心理上准备好面对愤怒或情绪化的人，如果你毫无准备，你可能会非常不安，并因此触发原始本能。另外，练习我在第三章中概述的"哦，见鬼"到"行，没问题"的技巧过程。

第二十九章　如何与自我对话

别只挑错，想办法解决。

——发明家亨利·福特（Henry Ford）

情境：每年元旦，我都会列一张计划清单，哪怕我知道自己无法坚持。我向自己保证，我会每天锻炼身体；孩子调皮捣蛋时，不会再像泼妇一样大喊大叫；还有回到学校攻读工商管理硕士（MBA）学位。每当我对着镜子看到自己走样的身材时，我会感到厌恶；每当我想到没有达到自己的职业目标或作为父母的期望时，我会感到内疚；每当我看到越来越多的承诺无法兑现时，我会感到沮丧——但工作和生活总会问题频出，所以我的计划和目标很难实现。您有什么建议吗？

毫无疑问。首先，对自己采用移情沟通法。要理解其中缘由不难。假设你对你最好的朋友这样说："你知道的，我真的爱你……但你的身材不够完美。看看你那松弛的上臂，都是肥肉！你上次健身是多久之前啦？老实说，你骂儿子忘了修剪草坪的那天，那样子简直就是个讨厌的泼妇。说到这里，你的墙上本应挂着你的 MBA 学位证书，可那儿怎么还是光秃秃的？你在任何事上都是个彻头彻尾的失败者。"

你会对你爱的人这么说话吗？当然不会。但你自言自语时，常常残忍到没有底线。看看你话里的自我批评吧：你告诉我你讨厌自己，你是个泼妇，你肯定会失败。照这样下去，你猜怎么着：你可能真的会失败。

想要成功吗？那就试试换个思路。下次找一个安静的时刻，问自己一个问题："是什么阻碍了你实现目标，这对你来说有多沮丧？"（如果这样自言自语太难为情，想象是一个关心你的人在问这个问题。）

然后听听自己的答案。很可能是这样：

"我想回学校继续读书，但这意味着陪伴孩子的时间会减少——所以我的选择看上去是为家人着想，但有时我感觉是在自欺欺人。"

"我试着成熟地处理孩子们的问题，但有时我控制不住脾气，一天工作下来压力已经很大了，我非常需要有人安慰，但孩子们却只顾着自己。我拼命工作为了更好地照顾他们，最后听到的却是一股脑的抱怨，我觉得很受伤。"

"都晚上 8 点了，盘子还没洗，还要辅导女儿的数学作业，这种时候很难有动力再去锻炼。"

"所有这一切都让我很沮丧，因为无论我完成了什么，我还是为没有完成的事情懊悔自责。"

做这个脑力练习时，你会看到自己不是一个失败者。你只是个普通人。你要同时承担十几项责任，你的孩子（尤其是青少年）给你造成了严重的镜像神经元受体缺陷，你不得不做出妥协，因为你舍己为家。给自己放个假吧。事实上，你应该为你完成的所有事表扬表扬自己。

快速而有力的同情心，将清除阻碍你看清目标的负罪感。

还记得我在第四章谈到的如何为大脑重新布线，以一种全新的方式看待他人吗？看待目标同样如此：有时确立目标的出发点根本不正确（例如，"如果我不能成为医生，我父亲会失望的"，或者"我家里的每个人都是博士"），你却再也没有重新审视它们。或者，生活在进步，而我们的目标却停留在原地，我们需要让两者保持同步。

分析自己的目标时，要避免落入期望陷阱——也就是说，"这件事必须发生（或不发生），我才会快乐，才算成功"。例如，你为自己还没有拿到 MBA 学位而自责——但你一定要现在拿到学位才算成功或快乐吗？或者，你是否可以选择一条不同的道路，比如在接下来的几年里争取线上拿到学位，以获得同样的成就感？

不要把"合理"和"现实"混为一谈。合理意味着"符合情理"。而现实是指"可能会发生"。例如，你在 1 月 1 日决定报名参加 MBA 课程，再也不对孩子大喊大叫，并开始跑马拉松，这些目标可能合理，但可能不现实。通常情况下，选择一个可能实现的目标并专注于此会更有意义。

如果你内心有现实的目标，通过以下方法来实现它：

- 设定具体的目标。我常会告诉客户要写一份循序渐进的计划。正如出行前在 GPS 上绘制路径点，有助于你更加明确自己的出行路线。
- 写下你的目标。准确描述为实现目标你需要着手做的事情，以及需要放弃做的事情。把你的目标写在纸上可以增强实现的决心。
- 把你的目标告诉他人。打电话给你尊敬的人，告诉他你想在生活中做出的改变，让对方每两周给你打个电话或写封邮件，看看你的进展如何。你希望得到这个人的尊重，这将是你信守承诺的强大动力。如果你这样做了，记得向你的帮手表示万分感谢，同时也要想办法回馈他。
- 别让垃圾人群阻碍你的进步。回顾第十一章，找出任何削弱你决心或打击你信心的问题对象。如有可能，在你朝着目标努力的同时和他们接触。

- 不要操之过急。如果你想改掉低效习惯，养成良好习惯，请牢记：一个新的行为需要坚持三到四周才能形成习惯，而习惯大约需要坚持六个月才能成为第二天性。对自己要有耐心。

如果你想改掉坏习惯，你也可以使用我在第二十一章中概述的"绝不再犯"方法。举个例子，刚刚你又因为女儿没做完家务和她大吵了一架，运用"绝不再犯"方法，你该这么说：

- 如果我可以从头再来一遍，我不会这样做：

我不会因为杰米没有做家务而对她大喊大叫，而是试着用移情沟通法问她："我们假设一下，点点（Spot）饿得头晕眼花，很想吃晚饭，但你没喂它，直接出了门，如果点点能说话，你觉得这时候它会说什么？"或者"假设爸爸拖着疲惫的身子下班回到家，非常需要放松一下，因为你忘了洗碗导致他必须替你做家务而不能休息，如果我问爸爸的感受，你觉得他会怎么回答？"（并非想让你内疚；这是共情训练）。

如果这个方法不管用，我还可以试试逆向游戏。例如，我可以对杰米说："我知道我总是抱怨你的家务、作业或衣服如何不好，但我知道作为一个母亲，我也不是事事都做得尽善尽美，所以我不想再继续抱怨，我要为我曾经搞砸的事情道歉。以下是我认为做得让你不开心的一些事情……"如果我用这种方法，杰米可能会因此产生足够的共鸣，想要为我做更多的事情作为回馈。

- 我会换种方式处理问题，原因在于：_____。对杰米大喊大叫无济于事。因为她只会大喊回来。我非但没有解决问题，反而惹得一屋子的人都不高兴。
- 以 10 分制打分，我承诺下次这样做的分值是：10。
- 希望我对此负责的监督人应该是：

  道格，因为杰米不做家务时，他和我一样沮丧，但他也不喜欢下班后回到家，每个人都怒气冲冲、心力交瘁，所以处理这个问题对他来说也很重要。

正如我在第一章中提到的，我们都是独一无二的，所以试着用不同的方法去自我对话。例如，试一试"变不可能为可能"。对自己说："我知道这是不可能的。那么，如何可以把它变为可能呢？"想出答案之后，再付诸行动。

最重要的是，当你努力实现目标并养成更高效的习惯时，要避免第二种类型的期望陷阱。如果你指望某件事发生，但事与愿违时，你会崩溃。如果你期待某件事发生，而它没有如你所愿，你会感到挫败或失落。但是，如果你对它抱有希望并朝着它努力，同时意识到它可能不会发生（或者可能比你想象中要花更长的时间），你就会享受你的胜利，并以一种长远的眼光看待挫折，从而朝着目标不断前进。

■ 六步停顿法则

我们经常会因为自己的冲动行为而偏离自己的本来目标。这里有一个小窍门（这是第二章中"哦，见鬼"到"行，没问题"技巧的翻版），它可以帮助你避免犯下可能阻碍你实现个人或职业目标的错误。我称之为"六步停顿法则"，可以让你从爬行脑恢复到理智脑。以下是它的工作原理。

你感觉自己开始偏离正轨时，例如，如果你准备对你想赢得支持的同事大发雷霆，或者在戒烟的第六天，你考虑跑去商店买包烟，这时遵循以下六个步骤：

- 训练身体意识。辨别紧张、心跳加速、渴望或头晕目眩等感觉。识别出各种感觉并给它们取个名字。这有助于你控制它们。
- 锻炼情感意识。把你的感觉根据情绪划分。例如，对自己说，"我很生气"，或者"我很绝望"。描述你的感觉有助于防止我在第二章中谈到的杏仁核劫持。
- 克制冲动意识。对自己说，"这种感觉让我想_____。"

意识到你的冲动会帮助你克制冲动。

- 培养后果意识。回答这个问题："如果放任这种冲动，可能会发生什么？"

- 培养解决方案意识。将这句话补充完整，"最好是做到_____的话会更好……"

- 践行成效意识。告诉自己："如果我做得更好，成效将会是……"

完成这六个步骤之后，你就会知道你需要做什么才能步入正轨，避免潜在的灾难后果，你也可以足够冷静地听取自己的建议。

这个方法也可以用来帮助孩子渡过难关，与烦恼和解。如果他们在年轻的时候就养成了这种习惯，习惯会逐渐内化为他们的个性。他们长大后就能保持沉着冷静，哪怕面临压力也能镇定自若。

➤ **有用的洞察**

在困难时期，想想那些关心你的人会对你说些什么，也这么对自己说，并相信它。否则，你就是在浪费他们对你的爱。

➤ 操作步骤

如果觉得承认自己的长处很难为情，你可以试试这个妙招：请别人代劳。和钦佩你的人交谈时，问问他：那你到底佩服我什么呢？得到对方的回复后，回想一下他的话，并细细品味。然后，过个几分钟，再回答："哇！谢谢（停顿）——还有其他方面吗？"你问得越深入，你就会感到越有活力（和感激），当你重新着手实现目标时，你就会变得更加精力充沛。

第三十章　如何结识大人物

要想在事业上取得成功，你的见识或你的人脉不重要，重要的是对方是否真正了解你以及了解的程度。

——伊万·米斯纳，BNI 创始人

情境：我在市场部门工作，我想谈成几个大客户，因为我觉得这是升职的最快途径。但我不知道如何接触到富人和名人。如今，像我这样的"无名之辈"有没有可能绕过层层包围的工作人员，接触到那些大人物呢？

如果你从事发展客户、销售或营销工作，你就有一项艰巨的任务：让完全陌生的人听你的话。如果你需要接触身边有数十名保镖把守的大人物，这项任务就难上加难。不请自来的推销电话以及其他与陌生人沟通的技巧值得用一整本书的篇幅去介绍——是的，我现在就在着手写作！但与此同时，这里有几个诀窍，可以让你的分隔距离迅速从六度变成零度。

■ 创造一对一情景

首先，使用我对史泰博（Staples）超市老总汤姆·施滕贝格（Tom Stemberg）的自我介绍方法（详见第六章）。大人物经常参加研讨会和小组讨论，他们常在演讲结束时询问观众是否有疑问。所以，你要去参加这些会议，再向他们大胆提出合适的问题。如果你得到了提问机会，记住你的任务是激发出他们有趣的一面，问出他们想要回答的问题。你的目标是让这些人有台阶下，从而创造镜像神经元的共鸣，并鼓励他们回馈，所以不要试图卖弄自己而搞砸了大好机会。

想要增加成功概率，可以参加慈善义卖、图书签售会等其他有机会与贵宾面对面接触的活动。如果你富有创造力，你总能找到一种方法让这个人"感觉到被理解"，即便是在一个公开场合。如果你做到了这一点，效果立竿见影，你当即可以和他们建立起一种紧密的联系。

有一次，我要在加州贝弗利山（Beverly Hills）举行的公司成长协会（Association Of Corporate Growth）年会上演讲。会议前一晚，演讲者们可以在酒店举行的鸡尾酒会上碰面。

他们中最成功的是迈克·海斯利（Mike Heisley），这位芝加哥的亿万富翁，也是美职篮孟菲斯灰熊队（Memphis Grizzlies）的老板，曾帮助许多公司扭亏为盈。显然，每个人都想引起他的注意，于是他们排起了长队迎接他。而我见到他时问道："您从您父亲那里学到了什么成功的经验吗？"

迈克停顿了一下，不再和其他人说话（这让他们非常沮丧），他自发地拉出两把椅子，邀请我和他坐在一起。然后，他开始谈论父亲教他做生意时如何顾全集体利益，而非仅着眼于自身利益。他告诉我："我父亲非常相信，我无须占他人便宜就能大获成功，我不想辜负他的信任。我父亲让我想成为一个更好的人，但愿我已经做到了。"

我认识到领导者经常从父母那里学到如何行事（或禁忌）的宝贵经验，于是我给了迈克一个机会，让他重新体验他对父亲的感激之情。这种温暖的感觉让他在会后愿意再和我多加交流。

■ 结成虚拟盟友

会议并不是唯一一个让你与你的目标零度分离的平台。多亏了互联网，你可以在网上接触到大人物，如果你铭记人们想要被理解这一核心规则，那么过程会更容易。

我的处女作《摆脱你的坏习惯》出版后，我想到了一种方法来做到这一点。那时，我发现写书就像生孩子一样：你希望它聪明、有吸引力、受欢迎，但你永远无法预料。你会查看书的相关评论（甚至可能反复查看），了解大家的看法。此外，你还会看博客、帖子或讨论组等，想知道大家对你的心血作何评价。我亲身感受到了少数负面甚至刻薄的评论可能会造成的伤害。同时，如果有人真正理解我，会感觉非常振奋人心。

我意识到这种自我陶醉是人之常情，不久后一位朋友给我寄来了一本由《游行》（*Parade*）杂志首席执行官沃尔特·安德森撰写的《自信课》（*The Confidence Course*）。我的朋友告诉我"你会喜欢上它，也会喜欢上沃尔特·安德森的"。我的朋友说对了。更重要的是，我点开了亚马逊网站，却发现没有人为这本精彩的书写任何评论。

所以我用心思考后写下了第一条评论，不只是简单的"我很喜欢，推荐一看"。我从沃尔特的书中了解到，他并没有如他希望的那般享受与父亲的亲密关系。我想到了和父亲的经历，对此感同身受。我告诉沃尔特，我很钦佩他对读者表现出的父亲般的关怀，尽管他自己却从未拥有过。我的话发自内心，同时也深深地触动了他的内心。后来，我和沃尔特成了好朋友。

几乎所有的人——无论多么强大，都会在网上"搜索自己"，而在网络世界里，你和他们之间不会再隔着什么助理。我知道很难想象魅力十足的名人或极具权势的商界领袖穿着睡衣，坐在床上用谷歌搜索自己的名字，但相信我：他们确实会这样做。

■ 与助理建立联系

如果你不请自来，你不可能轻易联系到大人物，因为你会径直被助理拦下。正因如此，与以阻拦你为本职的人建立关系至关重要。让对方成为你的盟友而非敌人，这样你几乎可以随时联系到大人物。

要做到这点，时刻铭记：

- 助理的存在对大人物的成功至关重要，他理应得到认可。
- 这个助理可能和大人物一样有趣，而且会感激你能认识到这一点。
- 助理可能患有严重的镜像神经元受体缺陷，因为他整天都会受到心怀不满的人的抨击，仅仅是因为他完美完成了保护老板的工作（甚至老板可能对此不是很感激）。

铭记这些，你就可以攻进许多大人物的堡垒了。举个例子，我冒昧地给美国最叱咤风云的首席执行官的助理打了个两分钟的电话。（由于显而易见的原因，我更改了姓名和其他标志性的信息）

"你好，是乔安妮吗？"我在电话里问道。

"什么？"她回答。

"你是乔安妮·纳尔逊吗？"我继续说。

"你是谁？"她问道。

"你是泰德·伯克（Ted Burke）在他的畅销书《狼群领袖》（*Leader of the Pack*）中提及并感谢的那位有名的乔安妮·纳尔逊吗？"我追问道。

"是的，您是哪位？"乔安妮回答，半是恼火，半是好笑。

"我是马克·郭士顿医生，我是一名精神病学家、作家以及……"

我开始介绍自己，乔安妮迫不及待在那头接上了话茬。

"拜托！我们这里能用你这样的人吗？"她吼道。

"放松点，乔安妮。一切都会好起来的。深吸一口气，"我冷静地回答。

"你放松试试！你来试试整个星期都和一个疯子打交道。"她继续说道，（目前一切顺利）。

"乔安妮，一切都会好起来的。你只需要处理一件事。我每小时都要和不同的人打交道。我猜你应该还有属于自己的时间吧？"（我之所以这么问，是因为我知道，大多数首席执行官的私人助理很少或根本没有时间安排自己的生活。）

"属于自己的时间？开什么玩笑，我甚至没时间养狗，只能在门边放一只陶瓷可卡犬。"她继续说道。

"嗯，我知道他们和孩子相处得很好。"我继续开玩笑说。

"想知道他的名字吗？"她紧接着问。

"当然。"我说。

"他叫坐坐（Sit）。"她回答，我们两人都笑了。

谈话继续，我解释道，我写了一篇文章，我想她的老板会喜欢，他的编辑给了我这个号码。通完电话后，我给泰德写了下面这封信，把信和我的文章一起附上，因为我知道乔安妮一定会读我的信。

亲爱的伯克先生：

如果我有钱了，我要做的第一件事，就是雇一个像乔安妮一样的助手，来保护我不受像我这样不速之客的打扰。她乐于助人，风趣幽默，像一头斗牛犬一样守卫着接近你的通道。

我希望她知道她对你有多重要，希望你不要重蹈我的覆辙。我必须与那些给我的生活带来重重阻碍的人打交道，所以我常常忘记感激那些为我的生活锦上添花的人。这样的话，你应该比所有人都更清楚……

四天后，我打电话跟进情况："你好，乔安妮，我是郭士顿医生。不知道你是否还记得我，我们几天前讲过电话。"

"我记得你！"乔安妮热情而调皮地回答。

"我想知道泰德是否收到了我的包裹。"我继续说。

"是的，马克博士，我们收到了，我寄到他度假的住处那了，除了那封信。"她回答说。

我有点紧张，就插嘴说："哦？"

"是的，我拿出那封信，在电话里读给他听了！"她得意洋洋地说。

多亏了我的那通电话和那封信，乔安妮和我成了好朋友，如果我想和泰德见面，她很乐意帮我安排。

现在你就知道了：有几个好办法可以帮助你联系到你认为无法联系到的人。这些方法都很简单（如果你足够勇敢），依赖于三条基本规则：让对方觉得自己有趣，让对方觉得自己举足轻重，最重要的是，让对方"感觉到被理解"。为什么这些规则屡试不爽？因为撇开魅力、金钱和权力不谈，大人物和员工一样，也只是个普通人。

只要你愿意尝试，你几乎可以联系到任何人。

➡ 有用的洞察

最害怕被"搭讪"，摆出生人勿近的大人物，其实渴望别人用合适的方式敲开自己的心门。

➡ 操作步骤

你最钦佩和最想见的人是谁？在网上搜索此人正在何处演讲，看看能否收到邀请函。或者，如果此人出过书，可以使用亚马逊或其他评论网站来发布对这本书的"权威性评论"。如果你有博客，写写对方如何改变了你的观念或人生。再者，也可以使用社交媒体或商业社交平台，如脸谱网、Plaxo、领英和推特来发表正面评论。

后 记

　　与人沟通的关键之一就是准备好去交流，如果读者想与我交流，我会非常乐意。如果您运用了本书中的沟通技巧，

　　我很想听听这些技巧是如何发挥作用的。您还可以在 www.markgoulston.com 上找到更多的交流工具和建议。

　　在您合上本书之前我还想说一句：谢谢！如您所知，我是"重量级感谢"的忠实信徒，诚挚地向任何为我的生活锦上添花的人表示感谢。如果本书有幸被您阅读，并且您有勇气运用书中的技巧，生活确实有了积极改变的话，这就是给予一名精神病学家的最大回报！对我而言，这些技巧非常强大，对我的生活大有裨益，希望它们也能在您的生活中派上用场。祝您在工作、家庭、生活的方方面面都圆圆满满！

致 谢

在我所有的作品中，本书让我最为得意，也倾注了我最多的心血。本书如能大获成功，离不开很多人的智慧、关怀、批判、慷慨的投入和大力的支持。

首先，最为重要的是，我要感谢我的读者、病人、客户和顾客，他们把自己内心和外在的希望和恐惧向我和盘托出，让我能够在帮助他们的同时有所收获，并与大家分享。

其次，我要感谢比尔·格莱斯通和明·拉塞尔，他们是我在水边版权代理公司的忠实经纪人，在我一筹莫展，陷入困顿时，他们的投入和指导给予了我大力支持。我也要感谢出版商美国管理协会图书出版的执行主编艾伦·凯丁，她对整个项目的热爱和正确的判断力时时提醒着我不要忘记对读者的承诺。你从这本书中学到任何强大有效的即时沟通技巧，很大程度上得益于艾伦在这个过程中始终把控大局，统筹兼顾。我还要感谢艾莉森·布雷克，他的建议帮助我更好表达自己的观点，以及我在企鹅普特南集团（Penguin Putnam）时的编辑约翰·达夫，一直以来他也给我提供了很多帮助。

然后，我要对我的好友和杰出的公关专家们致以深切感谢，这些人包括汤姆·布伦南、帕姆·古勒姆、切丽·克尔、安妮·詹宁斯和帕克斯顿·奎格利。我还要向这些人致以深切感谢：《快公司》杂志的琳恩·约翰逊，引导我开辟了"前沿"专栏和博客；论坛媒体服务集团的马可·布斯卡利亚，开辟了"马克博士为你排忧解难"专栏；《赫芬顿邮报》的阿里安娜·赫芬顿，马特·埃德尔曼、凯莉·贾东、玛丽莎·波尔图，他们为推广我的博客内容付出了诸多心血。

我还非常感谢基思·法拉奇、约翰·凯利、杰夫·卡普兰、吉姆·汉农、彼得·维尼克、凯莉·约翰逊、博·曼宁、克里斯·塔夫利以及所有为洛杉矶法拉奇绿光咨询集团工作的同仁。基思·法拉奇原本想给他的畅销书《别独自用餐》取名为《你不能独自走向成功》，拜托！这是事实好吗！他的最新著作《谁可依靠》强调了找到能扶持你、给你讲道理、（在你需要的时候）推你一把的人有多么重要。

我最感谢的还是一直支持我的家人，包括我的妻子丽莎、孩子劳伦、艾米莉和比利，他们永远是我坚实的后盾，让我可以安心创作，不致压力过大；我还要感谢我的母亲露丝，兄弟努尔和罗伯特以及他们的家人，感谢所有人对我源源不断的爱护与信任。

© 民主与建设出版社，2022

图书在版编目（CIP）数据

倾听的力量：影响他人最简单又最困难的关键技能 /
(美) 马克·郭士顿著；柴森麟，陈湘镱译. -- 北京：
民主与建设出版社，2022.9（2023.8重印）
ISBN 978-7-5139-3873-0

Ⅰ.①倾… Ⅱ.①马…②柴…③陈… Ⅲ.①心理交
往—通俗读物 Ⅳ.①C912.11-49

中国版本图书馆CIP数据核字(2022)第102257号

JUST LISTEN:DISCOVER THE SECRET TO GETTING THROUGH TO ABSOLUTELY
ANYONE
by MARK GOULSTON M.D.
Copyright:© 2010 BY MARK GOULSTON
This edition arranged with HarperCollins Leadership
through Big Apple Agency，Inc.，Labuan，Malaysia.
Simplified Chinese edition copyright:
2022　Ginkgo（Beijing）Book Co., Ltd.
All rights reserved.

中文简体版权归属于银杏树下（北京）图书有限责任公司。

版权登记号：01-2022-4867

倾听的力量：影响他人最简单又最困难的关键技能
QINGTING DE LILIANG YINGXIANG TAREN ZUIJIANDAN YOU ZUIKUNNAN DE GUANJIAN JINENG

著　　者	[美]马克·郭士顿	
译　　者	柴森麟　陈湘镱	
出版统筹	吴兴元	
责任编辑	周佩芳	
特约编辑	高龙柱	
营销推广	ONEBOOK	
装帧制造	墨白空间·曾艺豪	
出版发行	民主与建设出版社有限责任公司	
电　　话	（010）59417747　59419778	
社　　址	北京市海淀区西三环中路 10 号望海楼 E 座 7 层	
邮　　编	100142	
印　　刷	天津中印联印务有限公司	
版　　次	2022 年 9 月第 1 版	
印　　次	2023 年 8 月第 3 次印刷	
开　　本	889 毫米 ×1194 毫米　1/32	
印　　张	10	
字　　数	197 千字	
书　　号	ISBN 978-7-5139-3873-0	
定　　价	58.00 元	

注：如有印、装质量问题，请与出版社联系。